高等院校信息管理与信息系统专业教材系列

LN ERP 系统供应链实务

王　晶　刘杰平　主　编

邓宇鹏　唐伟伦　副主编

科学出版社

北　京

内 容 简 介

本书可以帮助 ERP 初学者更直观地学习 ERP 相关术语与概念。对于有一定基础的读者，本书呈现出的宏观供应链管理业务流程，可以帮助其深入体会 ERP 管理理念，提高实务应用能力。对于身处工作岗位的读者则会帮助其理解企业现场业务处理方案。

本书基于 Infor 公司的 LN ERP 系统，以及虚拟的公司概况，然后按业务管理模块分章节分别进行讲解和示范。读者既可以通过全过程的案例操作对 LN ERP 的供应链流程进行宏观学习，还可以深入各个模块进行功能操作与学习。读者最好能结合上述两种方法，实现宏观与微观的全方位学习。

本书适合企业人员、项目实施顾问和大中专院校相关专业的学生阅读。

图书在版编目（CIP）数据

LN ERP 系统供应链实务/王晶，刘杰平主编. —北京：科学出版社，2017
（高等院校信息管理与信息系统专业教材系列）

ISBN 978-7-03-052313-6

Ⅰ.①L… Ⅱ.①王… ②刘… Ⅲ.①企业管理－供应链管理－计算机管理系统－高等学校－教材 Ⅳ.①F274-39

中国版本图书馆 CIP 数据核字（2017）第 051338 号

责任编辑：唐寅兴 赵 茜 / 责任校对：陶丽荣
责任印制：吕春珉 / 封面设计：蒋宏工作室

科 学 出 版 社 出版
北京东黄城根北街 16 号
邮政编码：100717
http://www.sciencep.com
三河市良远印务有限公司印刷
科学出版社发行 各地新华书店经销
*

2017 年 3 月第 一 版 开本：787×1092 1/16
2019 年 1 月第三次印刷 印张：9 3/4
字数：220 000
定价：24.00 元
（如有印装质量问题，我社负责调换〈良远印务〉）
销售部电话 010-62136230 编辑部电话 010-62195035

前　言

从企业资源计划（enterprise resource planning，ERP）概念的提出至今已经有几十年的历史了，众多机构积极的实践与研究推进了 ERP 管理思想和方法体系的发展和完善。市场上关于 ERP 理论的教材非常丰富，但是在实际应用中，对于新入行或刚开始学习的读者来说，很难将这些理论熟练应用到管理的解决方案中。针对这一情况，编者与全球第三大企业应用与服务供应商 Infor 合作，共同推出了系列案例实务教材，旨在帮助读者通过具体的现场管理案例理解 ERP 的相关术语与理论，掌握宏观管理流程，消化管理解决方案，并对 Infor LN ERP 系统的操作进行辅助学习。

本书共 9 章，第 1 章介绍 Infor 公司、Infor LN ERP 系统概况及模拟案例；第 2 章介绍在 LN ERP 系统中新建一个公司的方法；第 3 章在新公司中设置基本参数，完成公司初始化状态；第 4 章介绍物料及物料清单的相关设置内容；第 5~9 章介绍公司从接到 FG 产品的销售订单、形成计划、下达采购、生产，完成入库，到提交客户的全过程业务。全书不仅有主线案例的业务介绍，还根据业务模块进行了一些扩展性介绍。

本书是一本基本的案例实务教材，编者特意将企业案例进行了极度简化，目的是更清晰地呈现基本供应链实务的内容，更为深入和复杂的案例将会在后续教材中介绍。

本书的针对性很强，读者既可以按照章节模块的方式进行学习，也可以以案例为主线进行供应链流程的梳理。这样做的目的是希望读者在学习信息化管理过程中，能够多一些参考，换一个角度进行观察与学习。

参与本书编写的人员有唐伟伦、徐建华、胡秋菊、胡丽琴、黄天春、邓宇鹏、徐金亚、刘杰平、王晶，非常感谢他们在编写过程中保持着旺盛的工作热情，同时也非常感谢 Infor 公司 Martine Cadet（Infor，VP，Global Field Enablement）、Mei Yee Poon（Infor，Senior EAP Offering Manager）、唐伟伦（Infor 亚太区产品经理）的大力支持与审核。

由于时间仓促和编者水平有限，疏漏之处在所难免，恳请广大读者指正。

编　者

2017 年 2 月

目　　录

第 1 章 Infor 公司及 Infor LN ERP 系统概论

如前言所述，本书是基于 Infor LN ERP 产品的 ERP 实训教材。因此，本章一方面对 Infor 公司及 Infor LN ERP 系统进行概要描述，使读者对 Infor LN ERP 产品有相对全面的了解；另一方面，本章以 A 公司为背景，详细介绍本实训教材所使用的案例及核心数据等。

1.1 Infor 公司及 Infor LN ERP 系统

1.1.1 Infor 公司

Infor 公司总部位于美国纽约，是全球第三大企业级应用软件及服务供应商。Infor 公司通过战略整合的方式，囊括 Lawson、SSA、MAPICS、BaaN、SYMIX、Fourth Shift、Datastream、Geac、EXE 等全球知名的企业应用管理软件，可以为客户提供全方位的企业级应用软件和服务。

目前，Infor 公司拥有包括 d/EPM、LN、M3、Sun Systems、SyteLine、SCE、EAM 等多款企业应用管理软件，可为汽车、航空航天、电子、机械设备、医疗、食品饮料、酒店等行业提供全方位的企业管理信息系统解决方案，如客户关系管理（Customer Relationship Management，CRM）、企业资产管理（Enterprise Asset Management，EAM）、企业资源计划（Enterprise Resource Planning，ERP）、财务管理系统（Financial Management System，FMS）、人力资源管理（Human Resource Management，HCM）、产品生命周期管理（Product Life-Cycle Management，PLM）、供应链管理（Supply Chain Management，SCM）、产品配置管理（Product Configuration Management，PCM）等。

Infor 公司已经帮助全球 170 多个国家的超过 90 000 家大中型公司提高了运营效率，促进了业绩的增长。

1.1.2 Infor LN ERP 系统

Infor LN ERP 系统是 Infor 公司的核心产品之一，其前身是荷兰 BaaN 公司的 BaaN ERP 系统，在我国也拥有相当长的应用历史和广泛的客户群体。Infor LN ERP 系统的演化历史如图 1-1 所示。

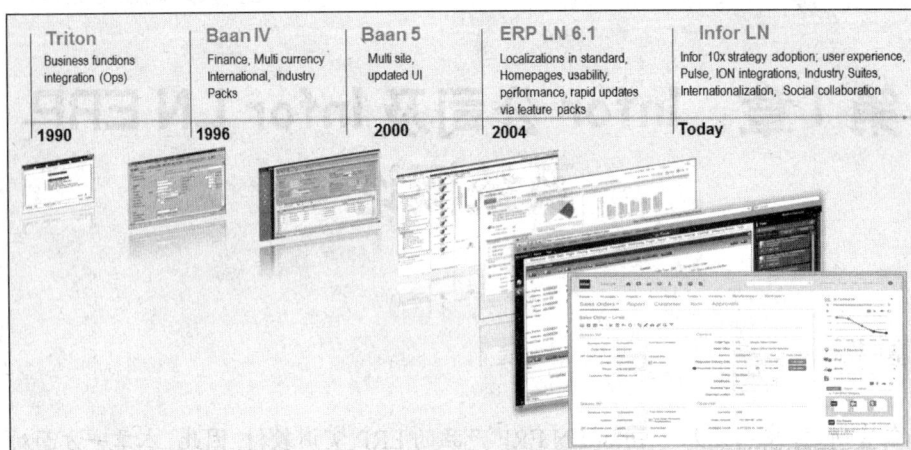

图 1-1　Infor LN ERP 系统的演化历史

经过多年的优化升级，Infor LN ERP 系统目前已经成为一个涵盖制造业各相关业务流程，并实现充分集成，能帮助企业进行统一的规划和管理的全面复杂的 ERP 系统。它包括销售管理（Sales）、客户关系管理（customer relationship management，CRM）、采购管理（Procurement）、计划编制（Planning）、制造管理（Manufacturing）、质量管理（Quality）、仓储管理（Warehousing）、货运管理（Freight）、财务管理（Financials）、统一开票（Invoicing）、项目管理（Project）等多个业务子系统，如图 1-2 所示。此外，Infor LN ERP 系统还支持动态企业建模（Dynamic Enterprise Module，DEM），即采用面向组件的开发方式，通过 DEM 快速构建企业模型。

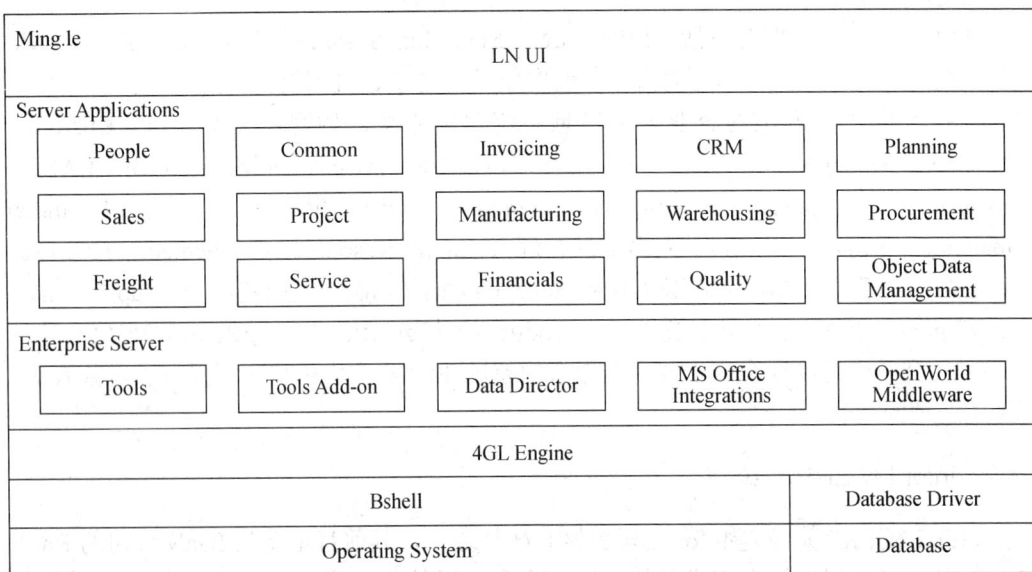

图 1-2　Infor LN ERP 系统的业务子系统

1.2　教材案例介绍

为了便于读者理解 Infor LN ERP 系统的原理和操作方法,本书将模拟一家产销一体化的机加工公司——A 公司的业务流程和数据。

由于本书是面向 Infor LN ERP 系统初学者的基础教材,旨在让初学者通过对物料、销售、计划、采购、制造、仓储等业务功能的学习了解 Infor LN ERP 系统的基本运行原理和操作方法。因此,A 公司的架构设计和业务设计较为简单。在这里,本书主要介绍 Infor LN ERP 系统中最关键、最核心的功能及操作方法,更为复杂的公司架构设计和业务设计及扩展功能和操作方法的介绍将在今后的系列教材中逐渐涉及。

1.2.1　A 公司概况

A 公司位于四川省成都市,是一家典型的产销一体化的机械加工公司。如图 1-3 所示,A 公司拥有销售部(Sales Department,SD)、采购部(Purchasing Department,PD)、生产部(Manufacture Department,MD)、仓储部(Warehousing Department,WD)和财务部(Financial Department,FD)5 个部门。

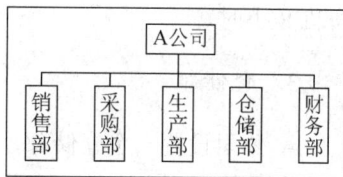

在 Infor LN ERP 系统中,所有的公司都必须设置一个 3 位数字的公司编号(最新版本为 4 位数字),案例中将 A 公司编号设置为 200。另外,在 Infor LN ERP 系统中,一个公司包括后勤公司和财务公司两种角色,在后勤公司中包括一个或多个企业单元。因此,在 Infor LN ERP 系统中,A 公司的架构图如图 1-4 所示。

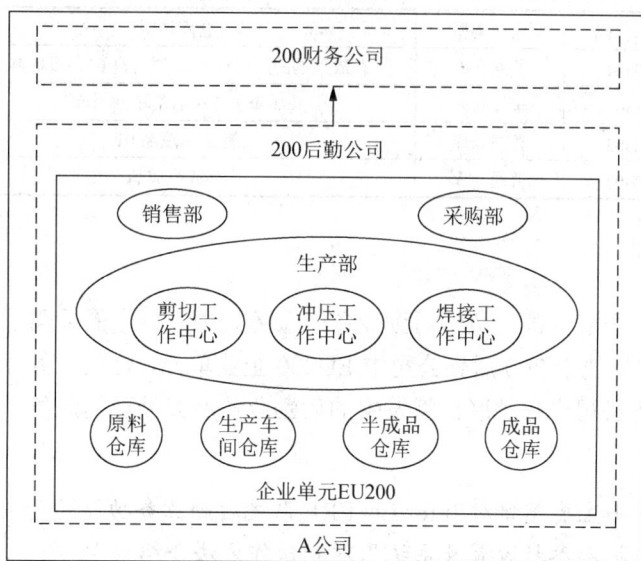

图 1-3　A 公司结构图

图 1-4　A 公司在 Infor LN ER 系统中的架构图

说明：在 Infor LN ERP 系统中，公司的概念与一般意义上公司的概念略有不同，关于公司（后勤公司、财务公司）、企业单元、实体等概念，请参考"第 2 章 公司的创建"。

1. 销售部和采购部

A 公司分别设置一个销售部和一个采购部。销售部主要向客户销售产成品（Finished Goods，FG）；采购部向供应商采购原材料（Raw Material，RAW）01、02、03。

销售部和采购部均采用 5×8 小时工作制，即每周工作 5 天、每天工作 8 小时。

2. 生产部

A 公司设置一个生产部生产半成品（Work In Process，WIP）01 和产成品。生产部中共有 3 个工作中心（Work Centre，WC），包括剪切工作中心（WC01）、冲压工作中心（WC02）和焊接工作中心（WC03）分别负责剪切、冲压、焊接等加工工序。

生产部的 3 个工作中心均采用 7×24 小时工作制，即每周工作 7 天、每天工作 3 班、每班 8 小时。

3. 仓储部

A 公司设置一个仓储部，仓储部主要负责仓库的管理，包括物料的存放、收货、发运、盘点等工作。仓储部中共有 4 个仓库，包括原材料仓库、生产车间仓库、半成品仓库和产成品仓库，仓库的详细信息如表 1-1 所示。

仓储部工作时间与生产部一样，即采用 7×24 小时工作制。

表 1-1　仓库的详细信息

仓库名称	仓库代码	仓库类型	仓库说明	库位管理
原材料仓库	WH04	普通仓库	存放采购的原材料 01、原材料 02、原材料 03	是
生产车间仓库	WH01	车间仓库	3 个工作中心的车间仓库	否
半成品仓库	WH02	普通仓库	存放半成品 01	是
产成品仓库	WH03	普通仓库	存放产成品	是

4. 财务部

A 公司设置一个财务部，负责后勤业务的账务处理。以上的采购部、销售部、生产部、仓储部等部门均属于 200 后勤公司中 EU200 企业单元，这些业务部门通过企业单元 EU200 与 200 财务公司进行关联，将发生的后勤业务所需处理的账务过账到 200 财务公司中进行处理。

说明：由于本书主要是针对 Infor LN ERP 系统后勤业务功能的实训教材，因此，对于财务相关的主数据和参数设置及系统原理和操作方法介绍较少。

1.2.2 A公司业务及产品

目前，A公司的核心业务是生产并销售产成品，以满足市场需求。

1. 产品结构

产成品由 WIP01 及 RAW03 加工而成；WIP01 由 RAW01 和 RAW02 加工而成。产成品的物料清单（Bill of Material，BOM）结构如图 1-5 所示。

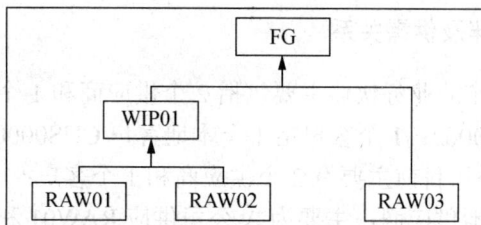

图 1-5 FG 的 BOM 结构

表 1-2 中列出了 A 公司所有物料的关键信息。

表 1-2 物料关键信息

项目	物料代码				
	FG	WIP01	RAW01	RAW02	RAW03
物料类型	制造	制造	采购	采购	采购
BOM 中的数量	1	1	10	20	30
销售/采购价格	2000		10	20	30
反冲物料	否	是	否	否	否
物料时反冲	—	否	是	是	否
采购提前期			30 天	30 天	30 天
存放仓库	WH03	WH02	WH04	WH04	WH04

2. 产品生产

如图 1-5 所示，在 FG 的 BOM 结构中，FG 和 WIP01 均为制造件，需要经过车间作业的工作中心加工制造而成，其加工工序、加工费率、生产效率等详细信息如表 1-3 所示。

表 1-3 制造物料加工信息

项目	工序		
	剪切	冲压	焊接
工作中心	WC01	WC02	WC03
人工费率	20 元/小时	20 元/小时	20 元/小时
机器费率	40 元/小时	40 元/小时	40 元/小时
FG			√
WIP01	√	√	√

续表

项目	工序		
	剪切	冲压	焊接
生产效率	10 个/小时	10 个/小时	10 个/小时
生产时间	6 分钟	6 分钟	6 分钟

如表 1-3 所示，WIP01 由 RAW01 和 RAW02 经剪切、冲压、焊接等 3 道工序加工而成；FG 由 WIP01 和 RAW03 经过焊接一道工序加工而成。

1.2.3 A 公司的业务伙伴及供需关系

目前，与 A 公司合作的业务伙伴主要包括 2 个供应商和 1 个客户。2 个供应商分别为 SUP000001 和 SUP000002；1 个客户指 1 个本地客户 CUS000001。

如图 1-6 所示，A 公司目前主要有 2 个供应商和 1 个客户：

1）SUP000001，本地供应商，主要为 A 公司供应 RAW01 和 RAW02。

2）SUP000002，本地供应商，主要为 A 公司供应 RAW03。

3）CUS000001，本地客户，主要向 A 公司采购 FG。

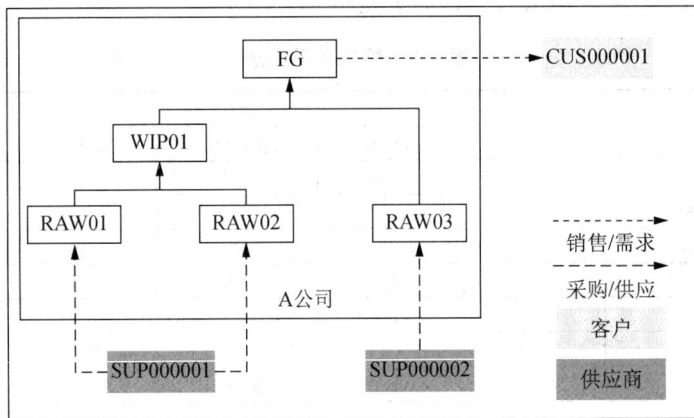

图 1-6　A 公司业务伙伴及物料供需关系

本 章 小 结

本章简要介绍了 Infor 公司及 Infor LN ERP 系统的概况，使读者对 Infor LN ERP 系统的背景有一定了解。另外，本章还重点介绍了本实训教材的案例，包括 A 公司的公司架构、部门组织、业务流程及关键数据等，这些业务流程和关键数据将贯穿本书，因此，读者要理解本章案例的相关信息。

第 2 章　公司的创建

↘ **本章内容**

在 Infor LN ERP 系统中，公司是处理后勤事务和财务事务的工作环境，而且这里公司的概念与一般意义上公司的概念略有不同。因此，本章首先介绍 Infor LN ERP 系统中与公司有关的基础概念；然后重点介绍如何在 Infor LN ERP 系统中创建一家公司，并为公司设置通用公司数据、已实施的软件组件及企业建模管理中的公司、企业单元等基础主数据和参数。

需要特别说明的是，创建公司是一项比较复杂的工作，一般由专业的 ERP 实施顾问在 ERP 上线之初主导创建。因此，本章主要对创建公司的基本原理和操作方法进行说明，便于读者完整理解 Infor LN ERP 系统。

2.1　公司的相关概念

在 Infor LN ERP 系统中，一个公司包括后勤公司和财务公司两种公司角色，一个后勤公司又包括一个或多个企业单元。传统意义上的采购部、销售部、生产部、仓储部等都是后勤公司中的实体，这些实体直接关联至企业单元，并通过企业单元关联至财务公司。

2.1.1　实体和企业单元

1. 实体

实体是系统中分散且相对独立的模块，如仓库、工作中心、员工、销售部、采购部、项目、客户、供应商等都可以称为实体。

2. 企业单元

企业单元是后勤公司中相对独立的财务组织，由后勤公司中一些特定的实体组成，如采购部、销售部、工作中心、仓库、项目等，一个生产基地、一个事业部、一个销售组织都可以是一个企业单元。

必须为后勤公司创建一个或多个企业单元，而且，后勤公司中的企业单元必须关联特定的财务公司。因此，本质上而言，是后勤公司中的企业单元决定了采购、财务、仓库等实体产生的业务应该过账到哪个财务公司，而不是后勤公司本身。

2.1.2 公司、后勤公司、财务公司

公司是处理后勤事务和财务事务的工作环境,同时也存储所有与业务事务处理相关的数据。在 Infor LN ERP 系统中,一家公司包括后勤公司和财务公司两种公司角色。后勤公司是指负责处理后勤事务的公司,如采购、生产、销售、仓储、运输等。财务公司是指负责过账财务数据的公司,如总账、应收、应付、税务、现金等。根据公司处理事务的类型,又可以把公司分为后勤公司、财务公司和后勤财务公司 3 种公司类型。

说明:后勤公司和财务公司都是一个公司在 Infor LN ERP 系统中的两种角色。在实际业务中,并不存在一个公司只有后勤业务而没有财务业务或者只有财务业务而没有后勤业务的情况。

2.1.3 公司的架构

在 Infor LN ERP 系统中,将公司分为后勤公司和财务公司的两种角色,据此可以产生 4 种不同的公司架构,即单后勤单财务、多后勤单财务、单后勤多财务、多后勤多财务,如图 2-1 所示。

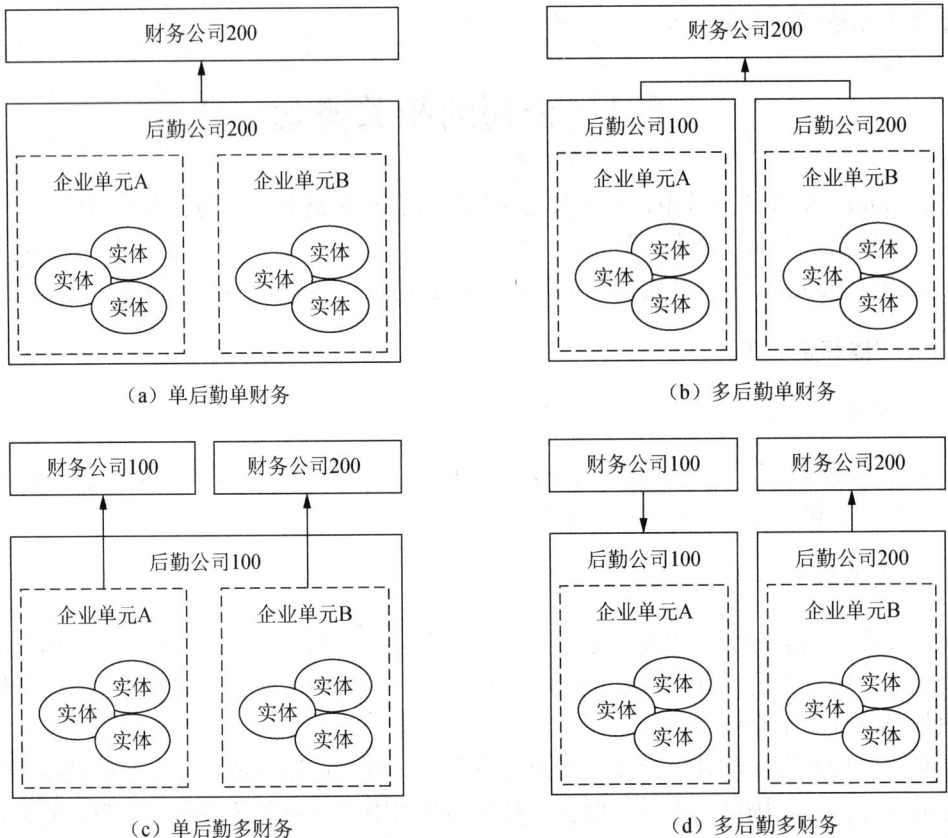

图 2-1 Infor LN ERP 系统中的 4 种公司架构

本案例中，A 公司属于单后勤单财务的公司架构，而且只有一个企业单元 EU200，公司所有的销售部、采购部、工作中心、仓库等都属于该企业单元。因此，在系统中创建 A 公司时，只需要创建一个后勤财务类型的公司。

2.2　创建公司前的准备工作

在使用 Infor LN ERP 系统创建公司之前，需要提前做好一些工作，主要包括系统安装、公司架构设计等。

如果公司的实际业务比较复杂，如拥有多家子公司、多个生产基地等，还需要决定采用哪种公司架构模型。此外，还需要梳理公司之间的物流、资金流、信息流等，以确定公司之间的共享数据及数据库表。

2.3　创　建　公　司

2.3.1　新建公司

创建首个新公司时，使用 bsp/baan 用户登录 Infor LN ERP 系统，进入标准公司（000）。然后运行"公司（ttaad1100m000）"进程进行新建公司操作，如图 2-2 所示。

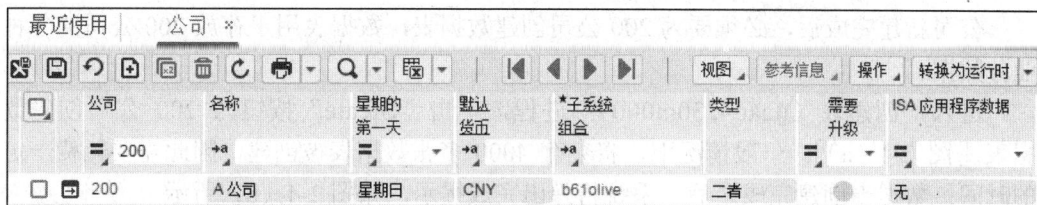

公司	名称	星期的第一天	默认货币	*子系统组合	类型	需要升级	ISA 应用程序数据
200	A 公司	星期日	CNY	b61olive	二者		无

图 2-2　新建公司

公司每周的第一天可设置为星期一或星期日。需要注意的是，在多公司架构中，所有公司的每周第一天必须设置一致。

进程是组成 Infor LN ERP 软件系统的基础。按照进程功能的不同，将进程组成多个软件子系统（软件包），如 wh 代表 warehouse（仓储），ti 代表 manufacturing（制造），tc 代表 common（公用），tt 代表 tools（工具），tf 代表 financial（财务）等。不同的子系统集合构成了子系统组合，子系统组合将用户链接至特定版本的 Infor LN ERP 系统。

公司类型可设置为后勤、财务、二者中的一种。在本案例中，200 公司为单后勤单财务架构，因此设置为"二者"类型。

说明：本书各章节涉及的 Infor LN ERP 系统的具体功能操作，如进程、进程代码的含义、运行进程的方法、工具栏中常用工具的使用、菜单栏中常用菜单的使用等请参考"附录 Infor LN ERP 系统的基本操作"。

新建公司后，必须单击菜单栏中的"转化为运行时"按钮，公司才能实际生效，如图 2-3 所示。

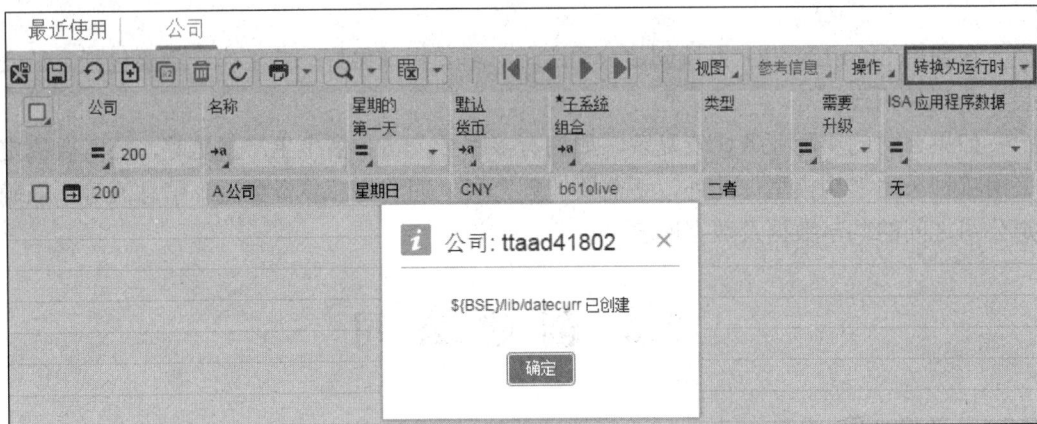

图 2-3 转换为运行时

2.3.2 创建数据表

公司新建完成后，必须要为 200 公司创建数据表，数据表用于存放 200 公司的各种业务数据。

进入"创建表（ttaad4230m000）"进程，单击"Create"按钮为 200 公司创建数据表 ［图 2-4（a）］。一般情况下，将会有 4000 多张数据表被创建，因此需要耗费一定的时间；数据表创建完成之后，系统将弹出完成提示，如图 2-4（b）所示。

（a）点击"Create"创建数据表

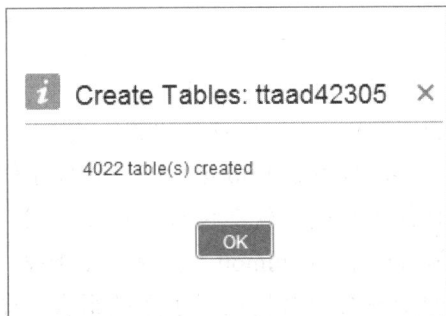

（b）创建 4000 多张数据表

图 2-4 创建数据表

说明：在 Infor LN ERP 系统中，如果选择范围设置为"空"到"ZZZZZ"，则表示选择所有数据。

公司创建完成后，执行"更换公司（ttdsk2003m000）"进程，将用户当前所在的公司从标准公司（000）中切换到新公司（200）中。

2.4　初始化公司参数

如图 2-5 所示，切换到新公司后，需要首先执行"初始化参数（tcmcs0295m000）"进程，为 200 公司的基础参数，如公用数据参数、物料基础数据参数、生产管理系统参数等设置初始化数据。

如图 2-6 所示，"实际参数集"可对当前所运行的参数进行修改，每修改一次将会产生新的参数（实际运行的参数），并放在最后一行，其生效日期为修改参数时系统的日期。

图 2-5　初始化参数

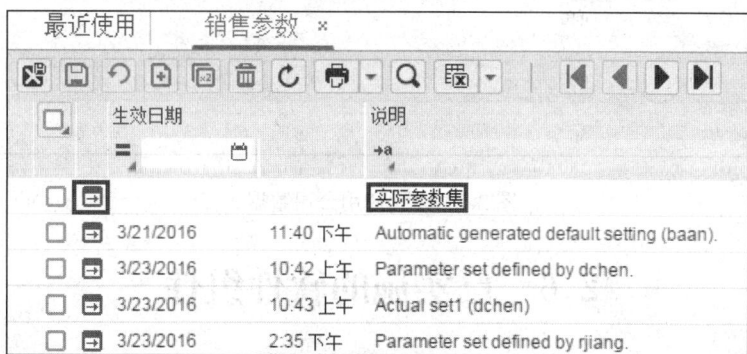

图 2-6　销售参数

在"2.3 创建公司"中，仅设置了 200 公司最基本的信息。因此，切换到 200 公司后还需要对 200 公司的详细资料进行完善。

公司的详细资料非常多，读者可根据实际业务需要进行设置和完善，主要包括以下几方面：

1）通用公司数据，包括公司的地址、时区、语言、业务类型、业务范围、法人代表、税务标识、会计标识等。

2）已实施的软件组件，包括设置公司要启用的业务子系统、模块和其他功能等。

3）企业建模管理中的公司，包括公司的货币系统、汇率类型、可用日历类型等。

4）企业单元。

说明： 在设置通用公司数据、企业建模管理中的公司、企业单元等详细资料时，需要先将其关联的公用数据（如地址、时区、货币、日历等）创建好，这些公用数据的设置方式请参考"第 3 章 公用主数据及参数"或其他对应章节。

2.5 通用公司数据

进入"通用公司数据（tccom0502m000）"进程，单击工具栏中"新建"按钮，新建并设置通用公司数据，如图 2-7 所示。地址、语言等设置方法请参考"第 3 章 公用主数据及参数"。

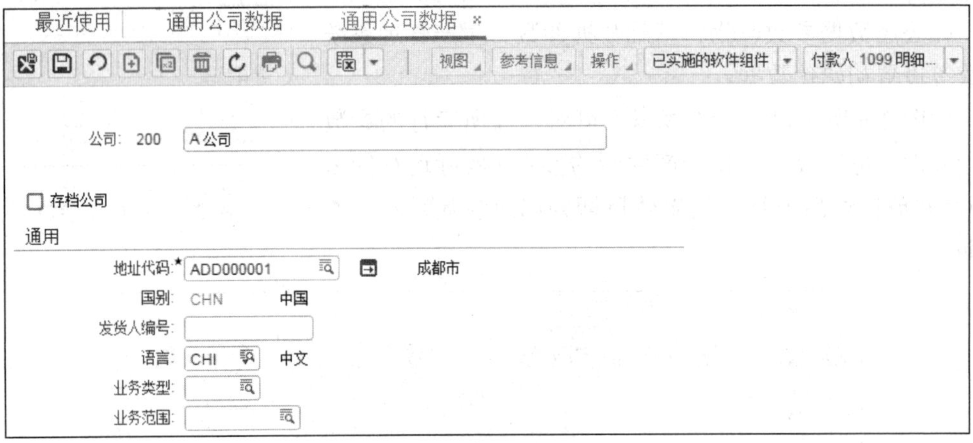

图 2-7 设置通用公司数据

2.6 已实施的软件组件

在 Infor LN ERP 系统中，有很多业务子系统，例如，人员管理、财务管理、开票、企业计划、销售管理、采购管理、仓储管理、制造管理、货运管理、项目管理、服务管理、质量管理，以及其他功能模块和功能，如重复制造、项目控制、工程修订号、单元有效性等。

"已实施的软件组件"的设置决定了用户将启用哪些功能。例如，不选择"质量管理""货运管理"等，则表示无法使用这些功能。因此，"已实施的软件组件"中功能的设置并不是越全越好，而是根据公司实际业务需要进行设置。

进入"已实施的软件组件（tccom0500m000）"进程，根据公司实际业务需要进行设置，如图 2-8 所示。

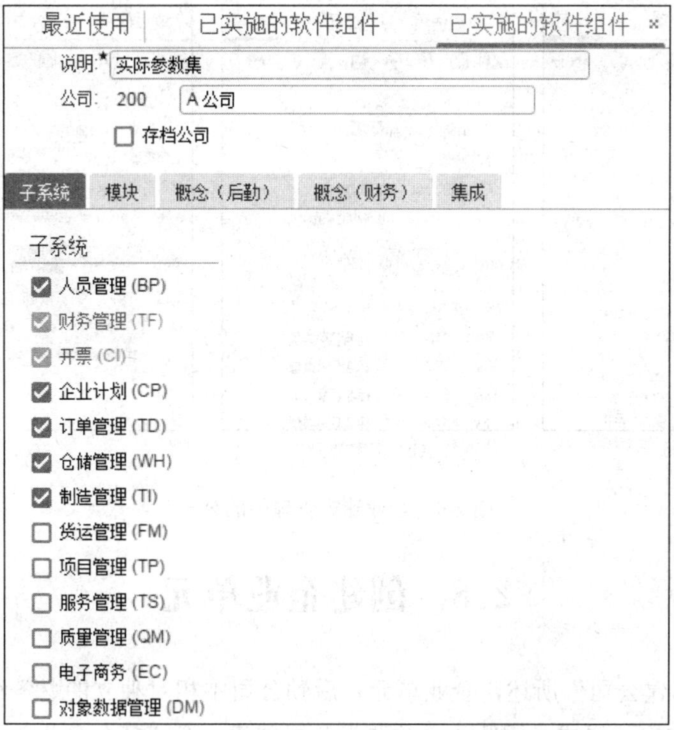

图 2-8　200 公司已实施的软件组件

2.7　企业建模管理中的公司

企业面临的内外部动态环境要求企业模型具有很好的柔性，因此，要求企业的组织结构、业务流程等可以根据企业需要进行动态建模。

DEM 是基于 Infor LN ERP 系统的一套建模理论及建模工具，在 ERP 项目实施初期，可以通过 DEM 快速构建企业模型；在 ERP 系统运行中，也可以根据企业业务的变化，通过 DEM 灵活调整企业模型。

关于公司动态企业建模的原理和方法将在今后的系列教材中介绍，本节主要介绍"企业建模管理中的公司"的设置。

进入"企业建模管理中的公司（tcemm1170m000）"进程，单击工具栏中"新建"按钮，新建并设置企业建模管理中的公司，如图 2-9 所示。货币、汇率类型、日历等设置请参考"第 3 章　公用主数据及参数"。

单一货币系统是指公司中所有的企业单元均使用单一货币来登记、计算和报告金额。如图 2-9（b）所示，采用单一货币系统的公司，参考货币即为当地货币，也是本币。

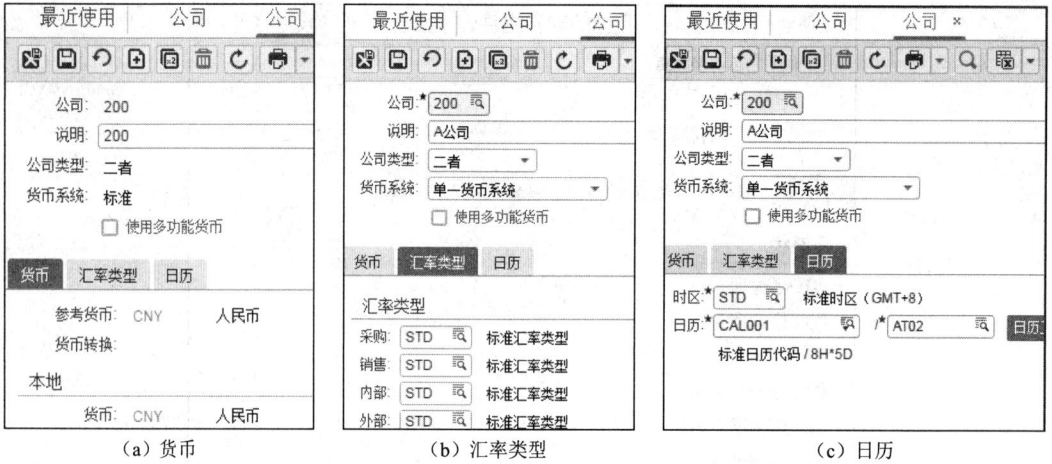

(a) 货币　　　　　　　(b) 汇率类型　　　　　　　(c) 日历

图 2-9　企业建模管理中的公司

2.8　创建企业单元

如"2.3 创建公司"所述，企业单元是后勤公司中相对独立的财务组织，由后勤公司中一些特定的实体组成。因此，必须要为公司创建一个或多个企业单元。

进入"企业单元（tcemm0130m000）"进程，单击工具栏中"新建"按钮，为 200 公司新建并设置企业单元 EU200，如图 2-10 所示。

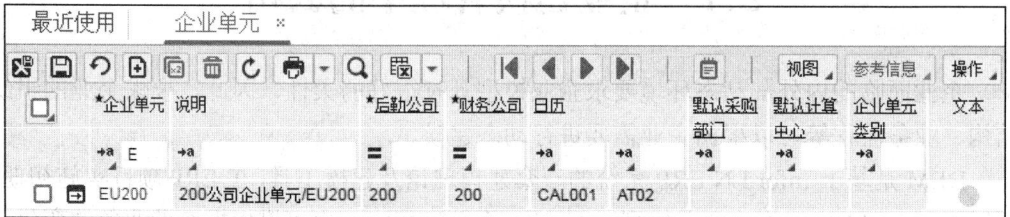

图 2-10　创建企业单元

企业单元创建完成后，打开企业单元行进入"企业单元"详细设置中，为企业单元创建实体，如图 2-11 和图 2-12 所示。

关于企业单元中实体，如销售部、采购部、生产部和工作中心、仓库的创建和设置，请分别参考"第 5 章　销售管理""第 7 章　采购订单""第 3 章　公用主数据及参数"及"第 9 章　仓储管理"。

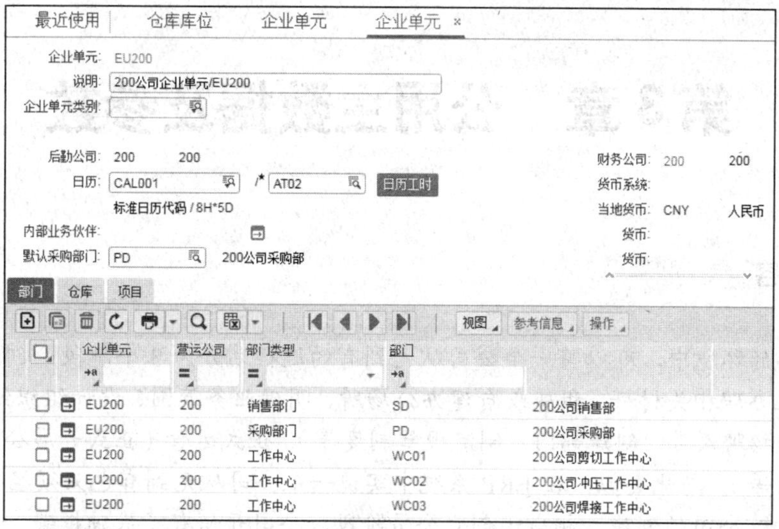

图 2-11 企业单元 EU200 中的实体（1）

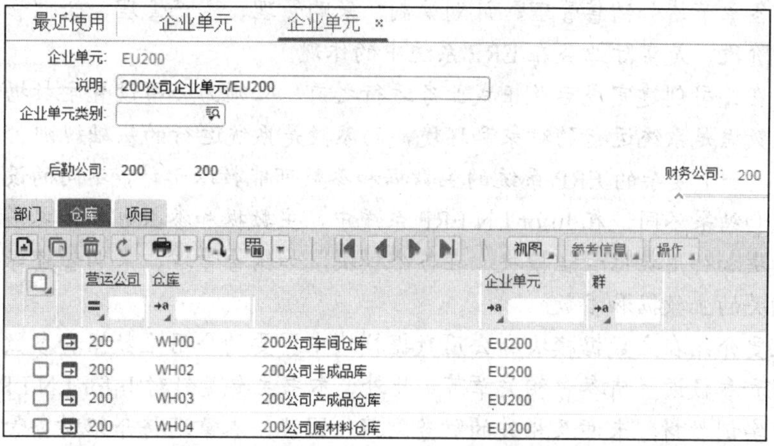

图 2-12 企业单元 EU200 中的实体（2）

本 章 小 结

本章主要介绍了在 Infor LN ERP 系统中公司的相关概念，如实体、企业单元和公司及公司的两种角色（后勤公司和财务公司）、3 种类型（财务、后勤和后勤财务）、4 种公司架构（单后勤单财务、单后勤多财务、多后勤单财务、多后勤多财务）等。此外，本章还就如何在 Infor LN ERP 系统中创建公司和设置公司的基础参数进行了介绍。

不过，创建公司是一项比较复杂的工作，一般由专业的 ERP 实施顾问在 ERP 上线之初主导创建完成，在日常业务中涉及的较少。因此，本章也仅介绍了创建公司最基本的原理，因此，就本章内容而言，读者应该重点关注和理解公司相关的概念。

第3章 公用主数据及参数

⬇ 本章内容

在现实的环境中，可以将一个公司从无到有的过程划分为 3 个阶段：创立公司（如到行政单位办理相关材料、租赁或自建办公场所、明确业务范围、设计组织结构等）、完善公司（如招聘人员、创建部门、制定规章制度等）、正式运营（正式开展公司业务，如生产、销售等）。与此类似，在 ERP 系统中实现一个公司从无到有也必须经历这 3 个阶段。"第 2 章 公司的创建"相当于创立公司阶段，公司开始有了基础框架。本章及后续各章节的重要主数据和参数的设置相当于完善公司阶段，使公司有业务运营的对象与规则。而后续各章节诸如销售管理、计划编制、采购管理、生产管理、仓储管理等则相当于正式运营阶段，是实际业务在 ERP 系统中的体现。

因此，在公司创建完成后及正式业务运行之前，必须为公司设置主数据和参数。形象地说，主数据是系统运行的对象和环境，而参数是系统运行的基础规则。

事实上，一个复杂的 ERP 系统的主数据和参数可能数以千计，不同的设置可能导致的业务流程和结果不同。在 Infor LN ERP 系统中，主数据和参数也非常之多，除了专门的主数据模块和公用数据管理模块，在各个模块，如销售管理、采购管理等还有与各自模块直接相关的主数据和参数。

本章主要介绍在主数据模块和公用数据模块中重要的公用主数据和参数，各模块自身的主数据和参数设置请参考相关章节。此外，本书主要是针对 Infor LN ERP 系统后勤业务功能的实训教材，未涉及相关的财务章节，因此，本章还将介绍财务管理模块中重要的主数据和参数，然而事实上，财务主数据和参数的设置也相当复杂，我们将在今后的系列教材中详细介绍。

3.1 主数据子系统

主数据子系统主要涉及与整个公司相关的各种基础主数据和参数设置，如国别、单位、换算系数、时区、地址、语言、编号组、货币、汇率、信用评级、开票方法、成本构成、物料、业务伙伴、企业模型等。

3.1.1 编号组和系列号

在 Infor LN ERP 系统中，所有的单据（如订单、发票等）、业务伙伴、地址等都必须进行编号。编号由系列号和流水号组成，如地址代码 ADD000001、采购订单 POR1000001 等。

编号组是系列号的集合，因此，一个编号组下可以创建多个系列号。编号组的创建位于"编号组（tcmcs0151m000）"进程中。

如图 3-1 所示，将 POR 定义为采购订单编号组，并将 POR1 和 POR2 分别设置为常规采购订单系列号和采购退货订单系列号；系列长度表示系列号的字节长度，如 POR1 表示 4 位。

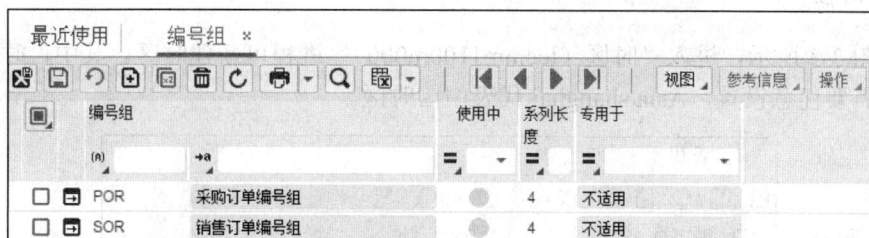

图 3-1　编号组设置

编号组新建完成后，可打开编号组为编号组设置系列号和第一空号等。

第一空号是系列号的起始编号，一般设置为 1；第一空号缓存是系列号的递增量，一般设置为 0。

例如，设置 POR1 系列号的第一空号为 1，第一空号缓存 10。则用户在创建采购订单时，系统自动分配 10 个连续的采购订单编号（POR1000001～POR1000010）并缓存在系统中。如果此时有其他用户做采购订单，则其编号从 POR1000011 开始到 POR1000020。因此，第一空号并不是固定值，而是动态变化的，它是第一空号缓存容量的累加值；如果将第一空号缓存容量设置为 0，则编号为连续整数编号（图 3-2）。

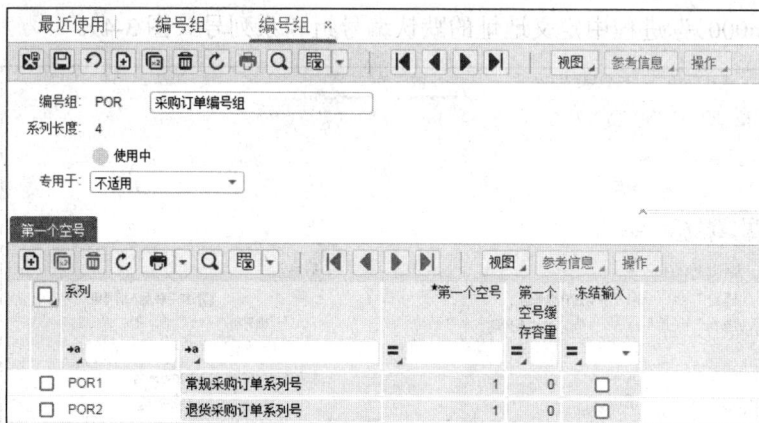

图 3-2　编号组中第一空号设置

说明： 在 Infor LN ERP 系统中，涉及编号组和系列号的功能非常多，如果读者想要使用这些功能，必须根据系统要求在相关主数据和参数中一一设置。如"库存处理参数（whinh0100m000）"进程中包含的仓单、收货单、入库通知单、出库通知单、检验单、装运单、调整订单等均须设置编号组和系列号，否则系统无法生成相关单据。

3.1.2 地址（时区、国别、州/省等）

一个完整的地址数据包括多个信息，如地址代码、国别、州/省、城市、时区等。

1. 时区

如图 3-3 所示，进入"时区（tcemm1100m000）"进程可新建时区。其中，时区代码可根据需要任意设置，Asia/shanghai 代表中国时区。

图 3-3　时区

2. 国别、州/省、城市等

依次进入"国别（tcmcs0510m000）""州/省（tcmcs1143m000）""城市（tccom4539m000）"进程分别新建国别、州/省、城市等数据。

3. 地址

在设置地址之前，必须新建地址的编号组和系列号，并在"公用数据参数（tccom5000m000）"进程中定义地址的默认编号组和系列号（图 3-4）。

图 3-4　公用数据参数中定义地址编号组和系列号

完成上述设置后，进入"地址（tccom4530m000）"进程，根据公司实际地址信息新建并设置地址，如图 3-5 所示。

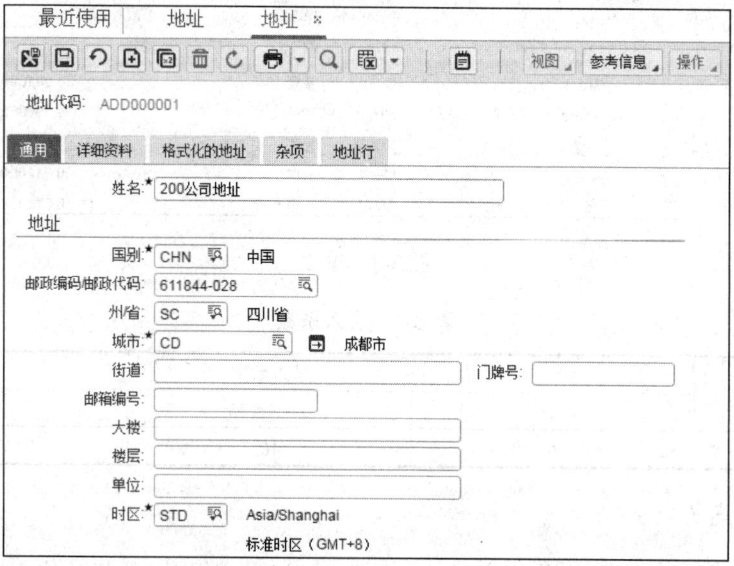

图 3-5　创建地址

3.1.3　语言

如图 3-6 所示，进入"语言（tcmcs0146m000）"进程可新建公司语言，在 Infor LN ERP 系统中，0 代表中文（简体），2 代表英文。

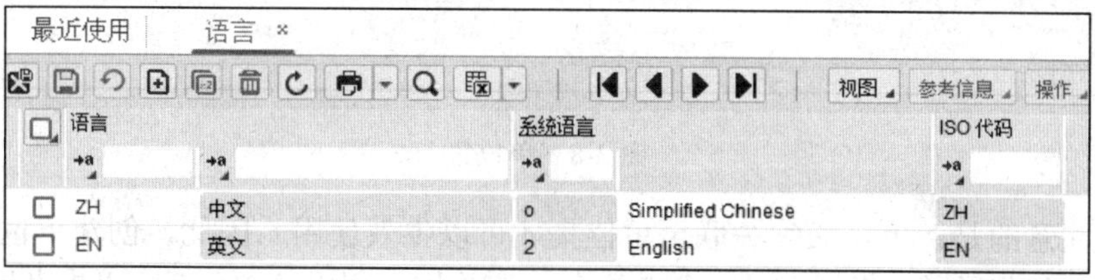

图 3-6　语言

3.1.4　单位、单位集和换算系数

1. 单位

单位是物料的计量单位，如千克、米、升、个、件、台等，单位集是各种单位的集合，如重量类单位、长度类单位等。

如图 3-7 所示，进入"单位（tcmcs0101m000）"进程可新建单位。

舍入系数表示单位的精度。舍入系数越小，精度越高；数字的舍入结果为最接近舍入系数的倍数。例如，设置舍入系数为 10，数字的舍入结果如表 3-1 所示。

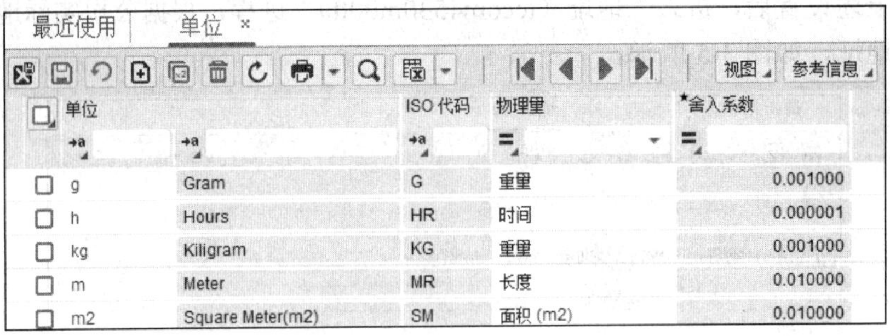

图 3-7 单位

表 3-1 舍入系数

项目	录入数字		
	<5	5≤X<15	≥15
舍入结果	0	10	20

2. 单位集

如图 3-8 所示，进入"单位集（tcmcs0106m000）"进程可新建单位集。事实上，如果不需要对单位进行复杂的分类管理，可创建一个单位集并将所有单位关联到该单位集中。

图 3-8 单位集

需要注意的是，单位必须关联至单位集才可以生效使用。因此，创建单位集之后，可选中该单位集并单击菜单栏中"参考信息→按单位集列出的单位"按钮或直接进入"按单位集列出的单位（tcmcs0112m000）"进程，将单位关联至单位集。

3. 换算系数

换算系数是指单位之间的换算比例。单位的换算系数可以分为两种：

1）通用换算系数，即两个相同物理单位之间的换算，例如，1m=100cm；1H=60min。

2）非通用换算系数，即两个不同物理量之间的换算，如 1L 油重 0.8kg。需要注意的是，非通用换算系数必须是针对特定物料，否则 1L=0.8kg 没有任何意义。

如图 3-9 所示，进入"换算系数（tcibd0103m000）"进程可定义换算系数，换算系数定义好之后必须要单击菜单栏中"核准换算系数"按钮使之生效。

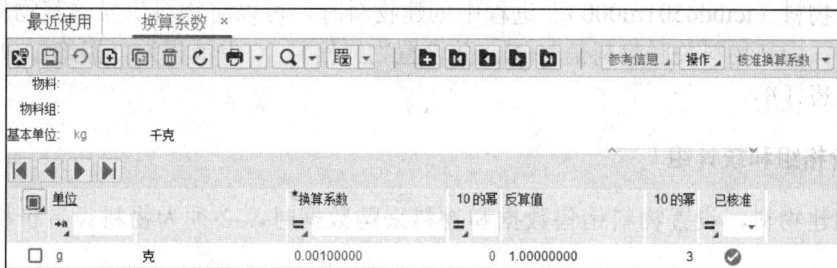

图 3-9 换算系数

3.1.5 原因

在一些业务事务处理中必须指定原因，如销售退货、采购退货、库存调整等都必须设置原因。

如图 3-10 所示，进入"原因（tcmcs0105m000）"进程可以新建原因。

图 3-10 原因

3.1.6 物料信号

在 Infor LN ERP 系统中，可以将"物料信号"作为一种防错机制。

如图 3-11 所示，进入"物料信号（tcmcs0118m000）"进程，可新建多个物料信号，并设置物料信号在不同业务环节的状态。

图 3-11 物料信号

物料信号的状态包括以下几种：

1）拒绝：无法在创建订单或订单行时使用该物料。

2）冻结订单：可以用该物料创建订单，但订单会立即冻结。

3）冻结行：可以用该物料创建订单行，但订单行会立即冻结。

4）警告：仅作警告提醒，不影响业务操作。

在"物料（tcibd0501m000）"进程中创建物料时，可以将物料信号与某物料进行关联。例如，为某物料关联物料信号 X，并设置物料信号 X 中销售为"拒绝"，则该物料不能做销售订单。

3.1.7 价格组和统计组

在创建物料，设置物料销售数据和物料采购数据时，必须为物料设置价格组和统计组。

价格组是具有相同价格和折扣的物料的分组。进入"价格组（tcmcs0124m000）"进程可新建价格组，如图 3-12 所示。

统计组是将不同物料进行统计分析的分组。进入"统计组（tcmcs0144m000）"进程可新建统计组，如图 3-13 所示。

图 3-12　价格组　　　　　　　　　　　图 3-13　统计组

价格组和统计组主要是用于统计分析，但是，由于价格组和统计组是创建物料时必须设置的字段，因此，必须设置"价格组（tcmcs0124m000）"和"统计组（tcmcs0144m000）"，即使实际业务不需要使用该功能，也必须要设置一个占位符号，如图 3-14 所示。

图 3-14　价格组

说明： 在 Infor LN ERP 系统中，有一些功能必须设置，但是在实际业务中可能不使用，可采用类似的方法。

3.1.8 开票方法、信用评级和付款条款

在设置业务伙伴角色（发票接受方/发票开具方）时必须为业务伙伴设置开票方法、信用评级和付款条款等。

1. 开票方法

开票方法主要是用于在对业务伙伴（发票接受方）开具发票时，定义可合并到一张

发票上的订单类型和订单行的参数。

如图 3-15 所示，进入"开票方法（tcmcs0555m000）"进程可新建开票方法。

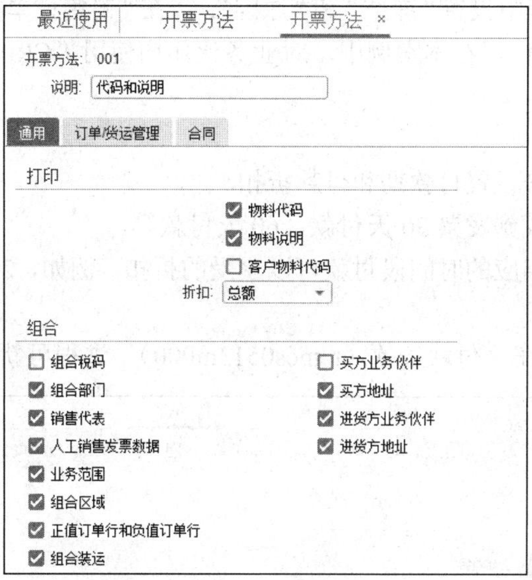

图 3-15　开票方法

2. 信用评级

信用评级是根据客户的财力、信任度等因素对客户进行信用评级的一种机制。

如图 3-16 所示，在"信用评级（tcmcs0564m000）"进程中可以创建多种评级机制。

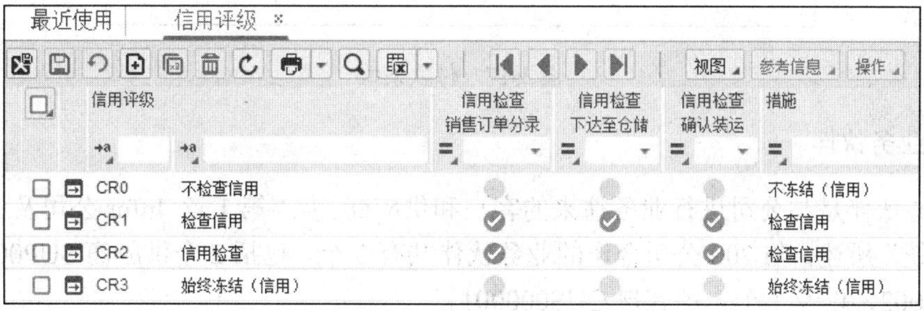

图 3-16　信用评级

信用控制可以在做销售订单、下达至仓储子系统和检查确认装运 3 个环节分别检查信用并采取相应的信用控制措施，常用的信用控制措施有以下 3 种。

1）不冻结（信用）：不检查信用限额，也不冻结任何订单。

2）检查信用：检查信用限额，如果超出限额则显示警告信息并冻结订单。

3）始终冻结（信用）或始终冻结（逾期发票）：不检查信用限额，始终冻结任何订单。

另外，是否进行信用控制及采取什么控制措施，除需要设置信用评级并将其关联至业务伙伴角色（发票接受方/发票开具方），还需要做以下几点：①在"销售订单参数（tdsls0500m400）"进程中设置"冻结"和"原因"；②在"销售订单类型（tdsls0594m000）"进程中勾选"信用检查"。在本案例中，对业务伙伴均使用"CR0 不检查信用"。

3. 付款条款

付款条款主要用来设置付款期和付款折扣。

付款期指开出或收到发票 30 天付款、60 天付款等。

付款折扣是指在相应的时间段付款可以享受的折扣，例如，20 天付款，可享受 80% 优惠。

如图 3-17 所示，在"付款条款（tcmcs0513m000）"进程可新建并设置付款条款。

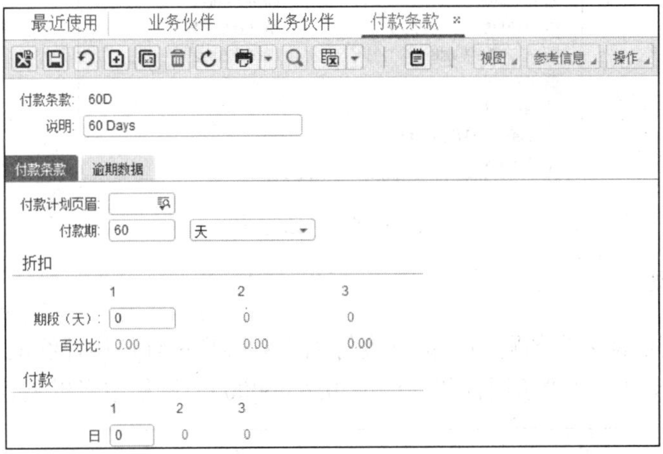

图 3-17 付款条款

3.1.9 业务伙伴

业务伙伴是与公司进行业务往来的客户和供应商。如"第 1 章 Infor 公司及 Infor LN ERP 系统"所述，与 200 公司合作的业务伙伴共有 3 个，包括 2 个供应商 SUP000001 和 SUP000002，以及 1 个本地客户 CUS000001。

业务伙伴的角色决定了该业务伙伴可进行何种事务处理，因此，必须要为业务伙伴设置对应的"角色"，业务伙伴才能实际生效。在 Infor LN ERP 系统中，业务伙伴包括客户、供应商、客户和供应商 3 种。

1）客户角色需要设置：买方、进货方、发票接受方、付款方 4 个属性。

2）供应商角色需要设置：卖方、供货方、发票开具方、收款方 4 个属性。

3）如果业务伙伴既是客户也是供应商，则需要设置 8 个属性。

客户和供应商的 4 个角色一般为同一个业务伙伴，也可以关联不同的业务伙伴，以供应商业务伙伴为例，物料的制造商、供货方、收款方等可能不是一个业务伙伴。

下面以创建客户 CUS000001 为例介绍如何创建业务伙伴，读者可照此创建其他两个业务伙伴。

与创建地址类似，创建业务伙伴之前必须新建业务伙伴编号组和系列号，并在"公用数据参数（tccom5000m000）"进程中为业务伙伴设置默认的编号组和系列号。设置完成后，进入"业务伙伴（tccom4500m000）"进程新建业务伙伴并设置业务伙伴角色，如图 3-18 及图 3-19 所示。

新建业务伙伴时请注意选择业务伙伴系列号，案例中 CUS 表示客户，SUP 表示供应商。

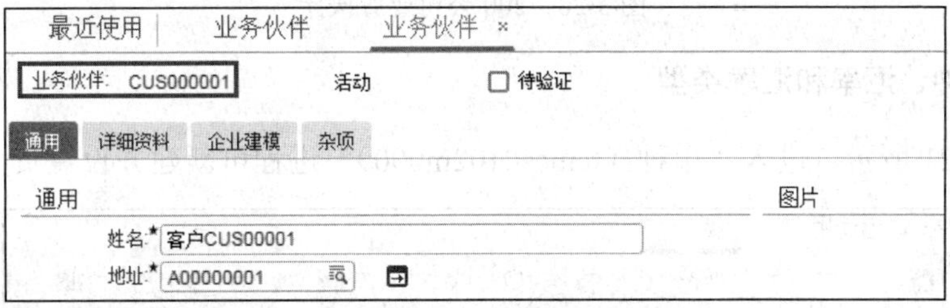

图 3-18　新建业务伙伴

如图 3-19（d）所示，4 个角色需要全部设置完成，需要注意的是，在设置发票接受方/发票开具方时，必须为业务伙伴设置财务业务伙伴组（见"3.3.3 财务业务伙伴组）、开票方法、信用评级和付款条款等。

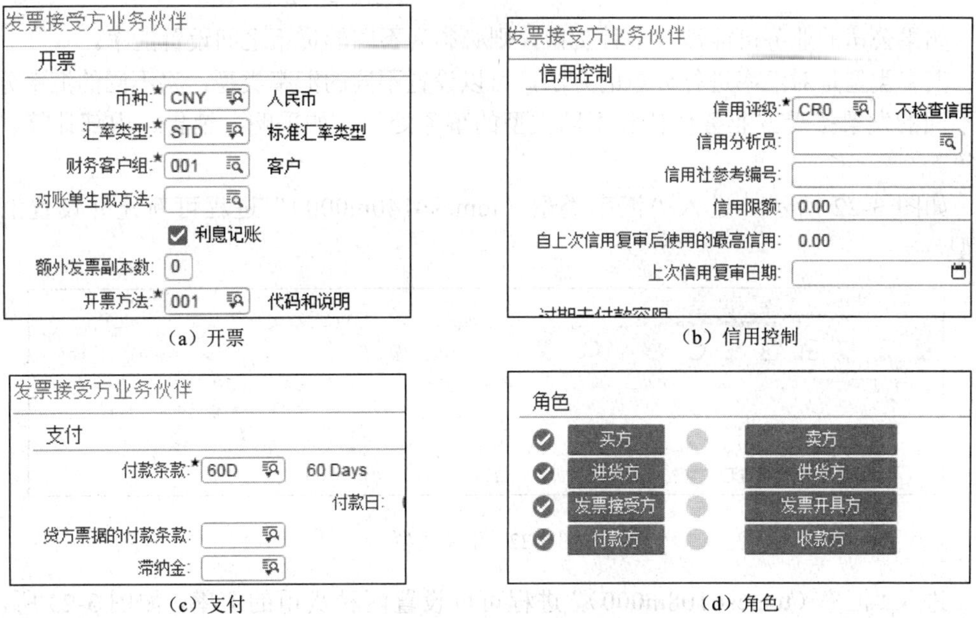

（a）开票

（b）信用控制

（c）支付

（d）角色

图 3-19　客户角色设置

3 个业务伙伴创建完成的效果如图 3-20 所示。

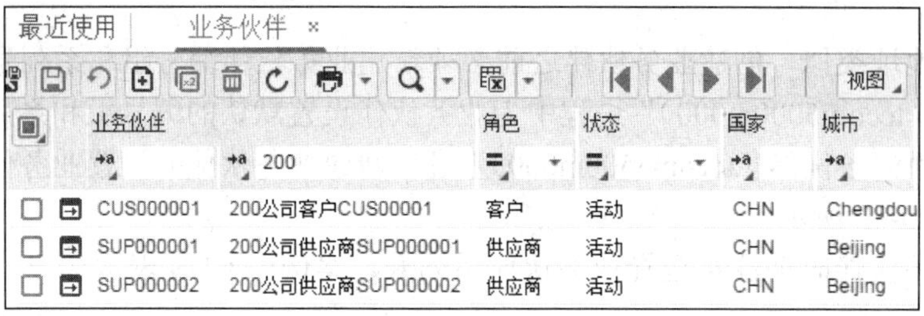

图 3-20　200 公司业务伙伴

3.1.10　币种、汇率和汇率类型

如图 3-21 所示，进入"币种（tcmcs0102m000）"进程可新建并设置货币。

图 3-21　币种

如果公司的业务可能涉及多种货币，则必须为不同的货币之间设置汇率。

汇率类型是对汇率进行分组的方法，可以设置不同的汇率类型，将不同的汇率分配给不同的发票接受方业务伙伴和不同类型的事务处理，如采购、销售、内部计算、报表等。

如图 3-22 所示，进入"汇率类型（tcmcs0140m000）"进程可新建并设置汇率类型。

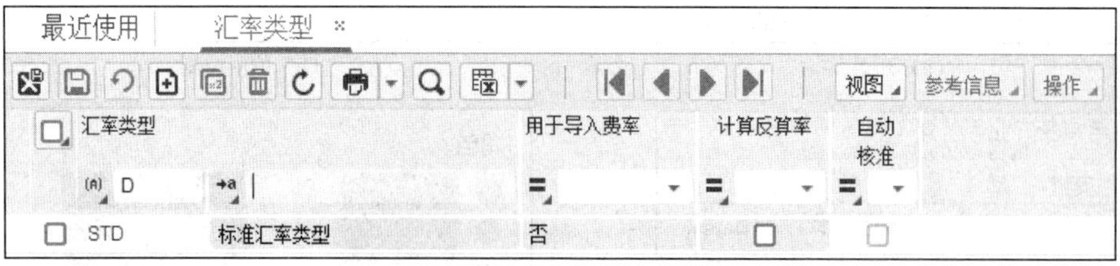

图 3-22　汇率类型

进入"汇率（tcmcs0108m000）"进程可以设置两种货币的汇率，如图 3-23 所示。与换算系数类似，汇率设置完成后也需要单击菜单栏中的"核准"按钮使汇率核准生效。

图 3-23 汇率

3.1.11 成本构成

成本构成是对成本分解分类的一种方式，常用的成本类型有材料成本、工序成本、材料成本附加费、工序成本附加费、一般费用等。

在创建物料时，必须要为物料设置成本构成，并计算物料成本价。关于物料成本价的计算请参考"第 4 章 物料和物料清单"。

进入"成本构成（tcmcs0148m000）"进程可设置成本构成，如图 3-24 所示。

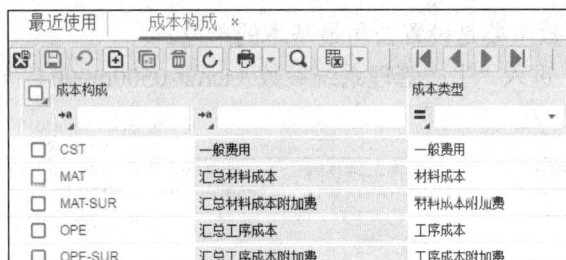

图 3-24 成本构成

3.1.12 COM 参数和 MCS 参数

1. 公用数据参数

公用数据参数（COM 参数）主要是设置业务伙伴、地址等数据的编号组和系列等。

如"第 2 章 公司的创建"中所述，进入"公用数据参数（tccom5000m000）"进程，打开没有生效日期的第一行参数（实际参数集），设置公用数据参数（图 3-25）。

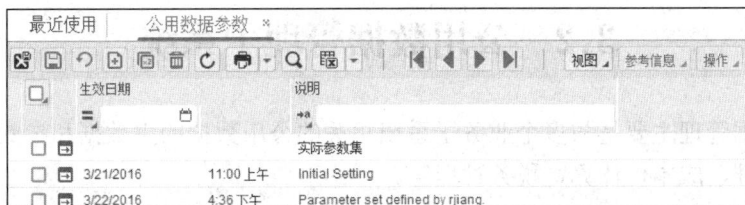

图 3-25 公用数据参数（1）

设置公用数据参数时，必须设置运输时间的有效货物运输类型（日历可用性类型），如图 3-26 所示。关于日历相关设置请参考"3.2.1 日历"。

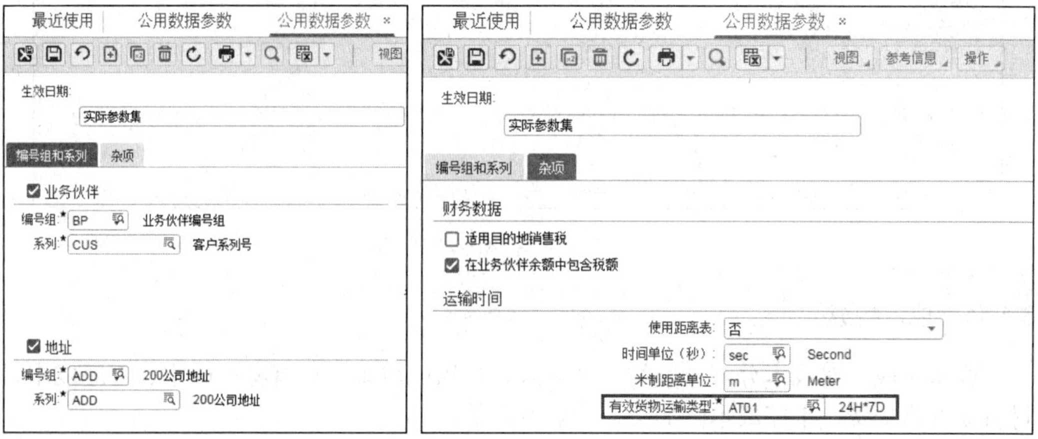

图 3-26　公用数据参数（2）

2. 生产管理系统参数

生产管理系统参数主要是设置公司最基本的单位。

如图 3-27 所示，进入"生产管理系统参数（tcmcs0500m000）"进程，可设置公司生产管理系统参数。

图 3-27　生产管理系统参数

3.2　公用数据管理子系统

公用数据管理主要是与多个业务子系统相关的公用数据的主数据和参数设置。如日历、人员管理、成本价计算、税务管理等。

3.2.1 日历

在 Infor LN ERP 系统中，系统将根据日历工时计划提前期，日历工时由日历代码和可用类型的组合生成。

1. 定义日历代码

进入"日历代码（tcccp0110m000）"进程，新建日历代码，并设置日历起始和结束日期，如图 3-28 所示。

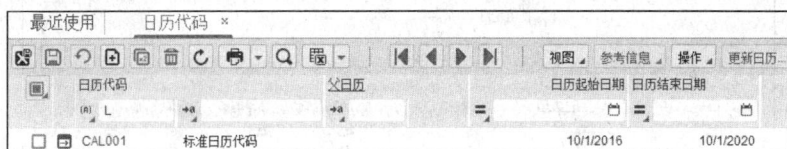

图 3-28 日历代码

2. 定义可用性类型

工时类型是一种工作时间的间隔，其目的是在定义工作周时，自动带出起始时间和结束时间，便于输入。

如图 3-29 所示，在"工时类型（tcccp0103m000）"进程中新建工时类型。

图 3-29 工时类型

（1）新建可用性类型

可用性类型是根据不同的业务活动，如生产、运输、服务、采购等。设置不同的可用性类型，即确定每周工作的时间及每天工作的起始时间、结束时间等。

如图 3-30 所示，在"可用性类型（tcccp0101m000）"进程中新建可用性类型。

图 3-30 可用性类型

（2）设置工作周

工作周是可用性类型的具体属性，它定义了每周具体工作几天、每天的工作时间安排等详细数据。

以 AT02 为例，打开 AT02 进入"工作天数（tcccp0130m000）"进程，设置工作周，如图 3-31 所示。读者可照此自行为 AT01 设置工作周。

图 3-31　工作天数

3. 定义日历可用性类型

日历可用性类型是将日历代码和可用性类型进行关联，只有关联后的组合才能生成日历工时。日历代码和可用性类型之间是多对多的关系，即一个日历代码可以有多个可用性类型，一个可用性类型也可以归属于多个日历代码。

如图 3-32 所示，在"日历可用性类型（tcccp0150m000）"进程中，可设置日历可用性类型。设置完成后，单击菜单栏中"更新日历工时"按钮（或进入"更新日历工时（tcccp0226m000）"进程）生成日历工时，如图 3-33 所示。

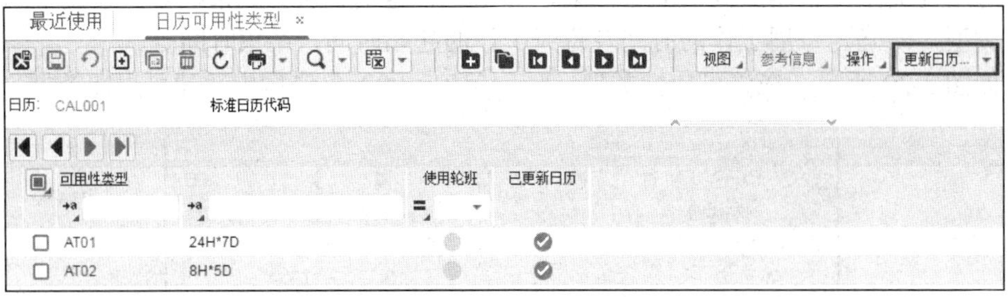

图 3-32　日历可用类型

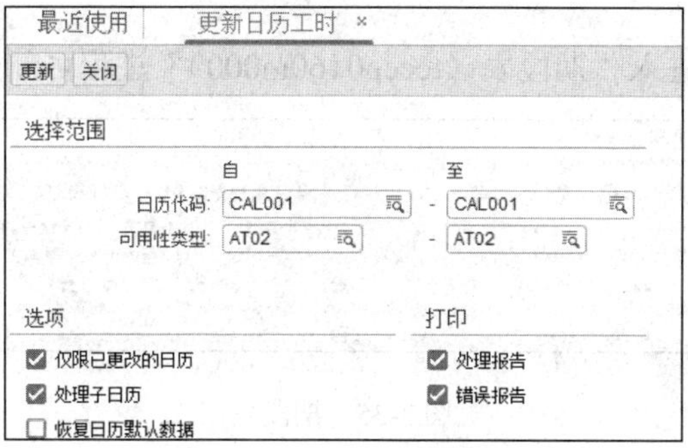

图 3-33　更新日历工时

日历工时更新成功后，进入"日历工时（tcccp0120m000）"进程，可查看日历代码和可用性类型组合对应的每一天的日历工时排程，如图 3-34 所示。

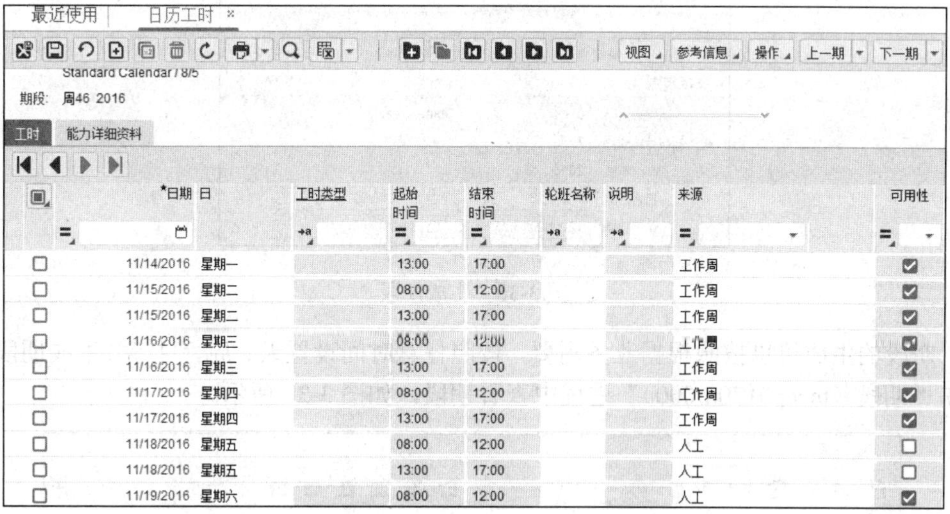

图 3-34　日历工时

如果某天工作时间发生变化，也可在"日历工时（tcccp0120m000）"中新增一天或取消当天的可用性。如图 3-34 所示，取消周五工作时间，改为周六补半天班。

4. 设置期段

期段和日历工时不同，日历工时决定了组织（工作中心、仓库、部门等）每天的工作时间安排，而且不同的组织可以有不同的日历工时（即日历代码和可用类型的组合）；而期段主要是为了将一年划分成不同的固定间隔（如周、月、季），以此按照固定间隔统计、核算工时，计划控制成本。

进入"期段（tcccp0170m000）"进程可新建期段。不过，在新建期段时，需要先设置"期段表"和"期段年度"等属性。

（1）新建期段表

如图 3-35 所示，进入"期段表（tcccp0160m000）"进程可新建期段表。

图 3-35　期段表

（2）生成期段

如图 3-36 所示，进入"生成期段（tcccp0270m000）"进程或直接在"期段（tcccp0170m000）"进程的菜单栏中选择"操作→生成期段"。

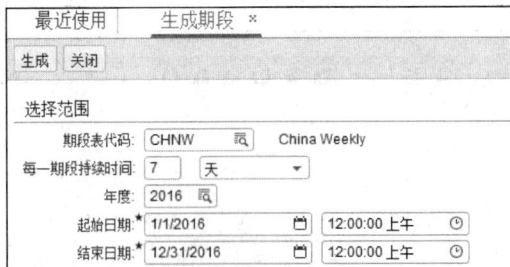

图 3-36　生成期段

期段的生成可以按照根据业务需要，按照任意时间设置天、周、月等。生成期段后，可在"期段（tcccp0170m000）"进程中查看期段，如图 3-37 所示。

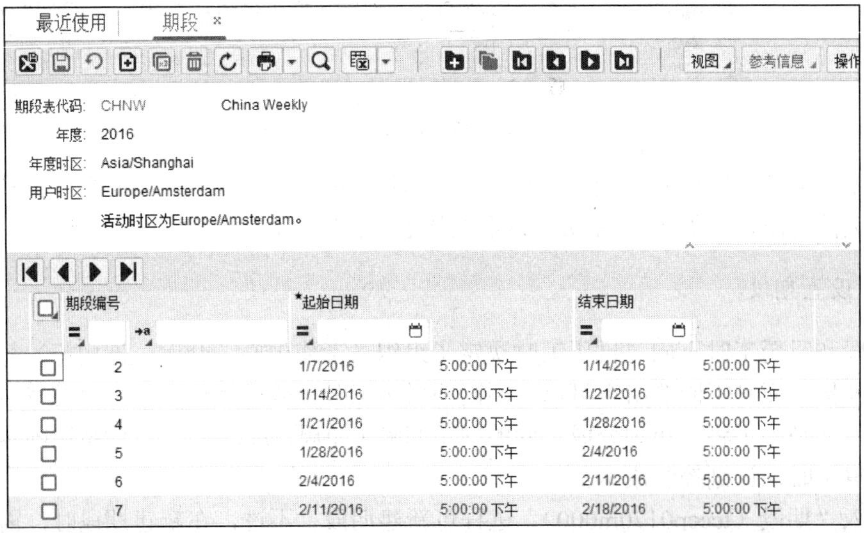

图 3-37　期段

3.2.2　人员管理模块

Infor LN ERP 系统的人员管理子系统主要是服务于生产相关管理的需要，如维护员工相关的数据及处理工时、费用等。因此，不需要将所有员工都添加到 Infor LN ERP 系统中，只需要添加一些必要的员工即可，如反冲工时和费用的员工、计划员等。

1. 人员管理参数设置

如图 3-38 所示，进入"人员管理参数（bpmdm0100m000）"进程设置人员管理参数。

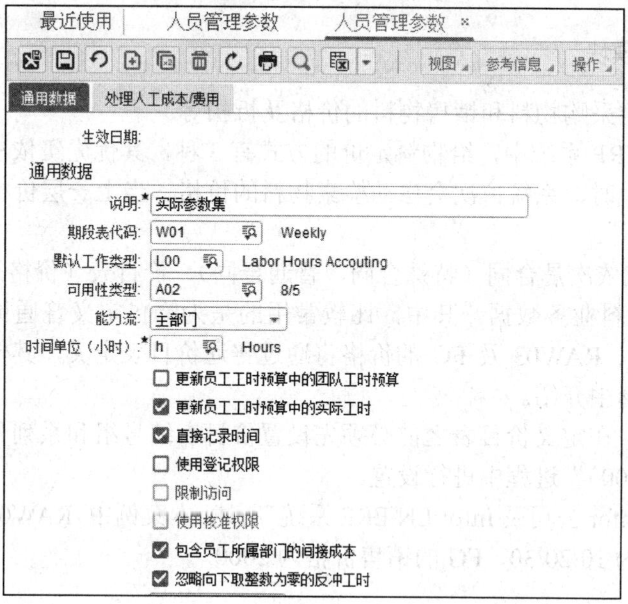

图 3-38　人员管理参数

2. 工作类型设置

如图 3-39 所示，工作类型主要包括正常工作时间和加班两种。

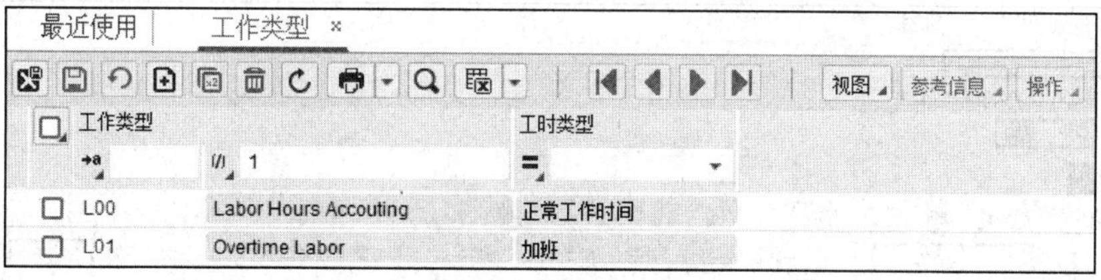

图 3-39　工作类型

3. 员工通用/个人数据设置

进入"员工通用数据（tccom0101m000）"（图 3-40）和"员工个人数据（bpmdm0101m000）"

可新建并设置员工详细的数据。注意在设置员工通用数据时，请设置员工所属的部门。

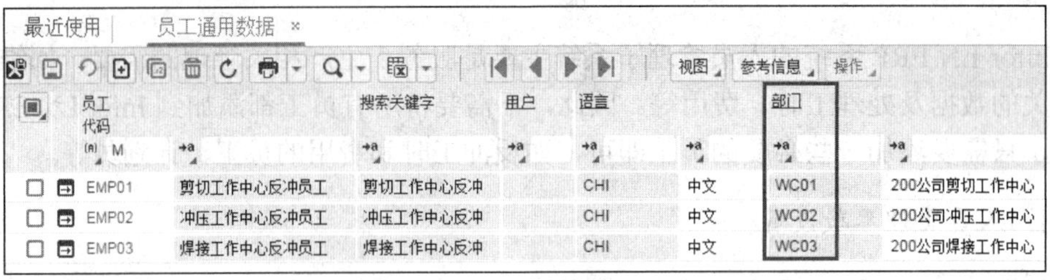

图 3-40　员工通用数据

3.2.3　定价管理模块

定价是指确定采购物料和销售物料的价格及折扣等。

在 Infor LN ERP 系统中，给物料定价的方式有 3 种，其优先级依次降低，即在做销售订单和采购订单时，系统依次会自动检索物料的价格，当上一层价格不存在时，才会检索下一层。

3 种定价方式依次是合同（特殊合同、普通合同）、价目表（价格矩阵中的价目表、普通价目表）、物料业务数据。其中，比较常用的是为物料定义普通价目表，本案例中 RAW01、RAW02、RAW03 及 FG 的价格将通过普通价目表定义，其他价格定义方式将在今后的系列教材中介绍。

与地址类似，在定义价目表之前必须先设置价目表编号组和系列号，并在"定价参数（tdpcg0100m000）"进程中进行设置。

如"第 1 章　Infor 公司及 Infor LN ERP 系统"所述，本案例中，RAW01/RAW02/RAW03 的采购价格分别为 10/20/30，FG 的销售价格为 2000。

1．采购价目表

采购价目表是定义采购物料的价格。

进入"价目表（tdpcg0111m000）"进程新建价目表，并为物料设置价格，如图 3-41 所示。

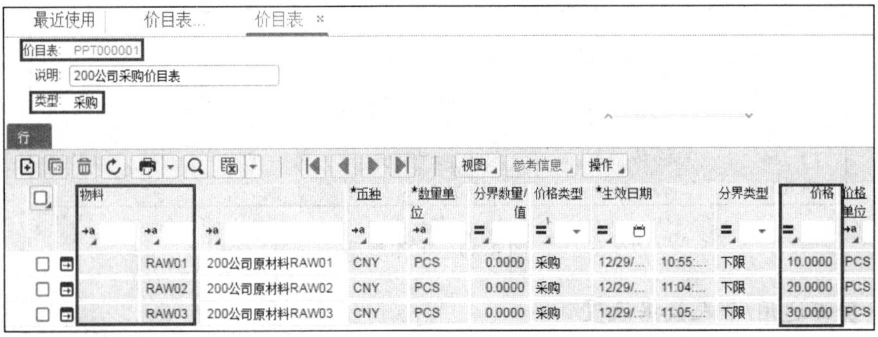

图 3-41　采购价目表

此外，价目表行还具有数量分界功能，即针对同一个物料的不同销售数量设置不同的价格，如表 3-2 所示。

表 3-2 物料数量分段价格示例

物料	分界数量/个	分界类型	价格/元
FG	100	下限	80
FG	200	下限	70

注：当物料销售数量≥200 时，价格为 70；当物料销售数量为 200＞X≥100 时，价格为 80；当物料订货数量＜100 时，取下一层优先级的价格，即视为没有定义 100 以下 FG001 的价格。因此，在采用这种方式设置物料价格时，下限一般从 1 开始往上设置。

2. 销售价目表

销售价目表设置方式与采购价目表类似，如图 3-42 所示。

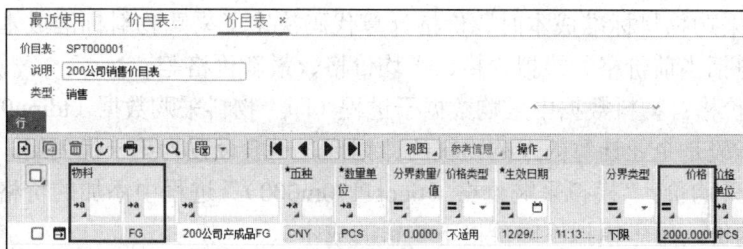

图 3-42 销售价目表

3. 定价参数

新建价目表之后，必须在"定价参数（tdpcg0100m000）"进程中设置公司默认的销售价目表和采购价目表，如图 3-43 所示。

（a）销售价目表　　　　　　　　　（b）采购价目表

图 3-43 定价参数

3.2.4 成本价计算

只有为物料计算成本价，物料才能在实际业务中正常使用。成本计算模块主要用于定义物料成本结构、计算物料成本、设置费率代码等。

1. 成本构成

关于成本构成设置请参考"3.1.11 成本构成"。

2. 价格计算代码

价格计算代码决定了物料成本价格计算的方式和数据来源，并最终决定了物料的标准成本，因此，可以定义多个价格计算代码，设置不同的计算方式和数据来源，来模拟不同情况下的成本价格计算。

1）计算采购物料标准成本时，价格计算代码决定了采购物料标准成本的取值优先级，优先级包括当前价格、模拟价格、平均价格、最新价格等。

① 当前价格：物料数据中采购数据子进程（即"物料采购数据（tdipu0101m000）"）中的价格，一般是企业计算的采购物料的计划价，一般设置为第一优先级。

② 模拟采购价："模拟采购价格（ticpr1170m000）"进程中添加的价格。可以添加多个模拟采购价，用于模拟不同价格下物料的成本。

③ 平均成本价：如果将平均成本价设置为第一优先级，那么每录入一次采购发票，系统就会自动匹配相关物料并根据发票价格计算加权平均的采购成本价，并更新物料成本价。这种方式对采购物料的标准成本计算更加精确，但是对系统的性能影响较大。

④ 最新成本价：物料最新的采购成本，一般指最新的采购发票上的价格。

2）计算制造物料标准成本时，价格计算代码一方面决定了 BOM 结构中采购物料的标准成本；另一方面，价格计算代码与工序费率相关联，进而决定了制物料标准成本计算时的工序费率。

如图 3-44 所示，进入"成本计算代码（ticpr1100m000）"进程可新建价格计算代码。

图 3-44　成本计算代码

3. 标准成本价计算参数

进入"标准成本价计算参数（ticpr0100m000）"进程设置成本价计算参数，如图 3-45 所示。

在成本价计算参数中，工序费率成本类型有 3 种方式：工作中心费率、任务关系费率和任务关系/工作中心费率。如果将工序费率成本类型设置为工作中心费率，则在创建工作中心时，工序费率代码与工作中心绑定；如果将工序费率成本类型设置为任务关系费率，则工序费率代码与任务绑定。

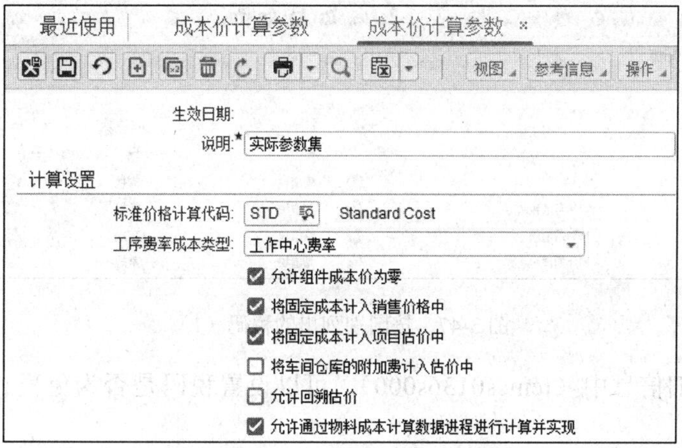

图 3-45 标准成本价计算参数

3.2.5 税务管理模块

1. 税务参数

进入"税务参数（tctax0100m000）"进程设置税务参数。

2. 税码

税码是税率的代码。如图 3-46 所示，进入"税码（tcmcs0137m000）"进程设置税码。

图 3-46 税码

3. 按国别列出的税码

税码仅仅是定义了税的代码，具体的详细信息及税率需要在"按国别列出的税码（tcmcs0536m000）"进程中设置。

（1）设置税码详细信息

进入"按国别列出的税码（tcmcs0536m000）"进程，将税码添加至按国别列出的税码中，并打开税码设置详细信息，如图 3-47 和图 3-48 所示。

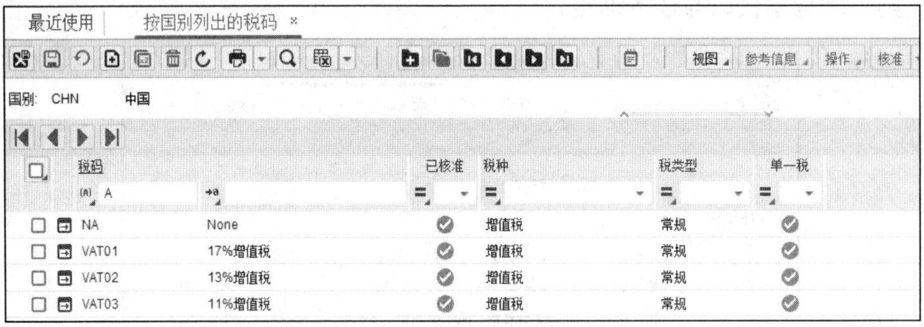

图 3-47 按国别列出的税码（1）

在税码详细信息中（tcmcs0136s000），可以设置税码是否为免税、税种、计税日期等。

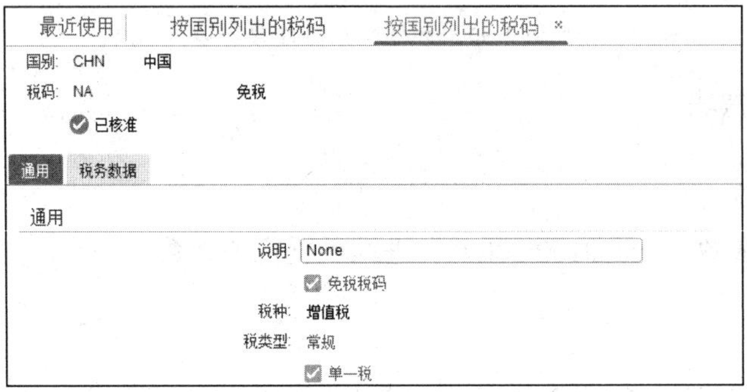

图 3-48 按国别列出的税码（2）

（2）设置税码的税率

设置完成后，返回"按国别列出的税码（tcmcs0536m000）"进程中，单击菜单栏中"参考信息→单一税率"，进入"单一税率（tcmcs0132m000）"进程，设置税码对应的税率，如图 3-49 所示。

（3）设置税码的财务税务数据

设置完成后，返回"按国别列出的税码（tcmcs0536m000）"进程中，单击菜单栏中"参考信息→财务税务数据"，进入"单一税码的过账数据（tfgld0571m000）"进程添加相关税码。

添加完成后，打开税码，进入"按税码列出的过账数据（tfgld0171s000）"进程，关联采购总账科目和销售总账科目，如图 3-50 和图 3-51 所示。

图 3-49　单一税率

图 3-50　按税码列出的过账数据（1）

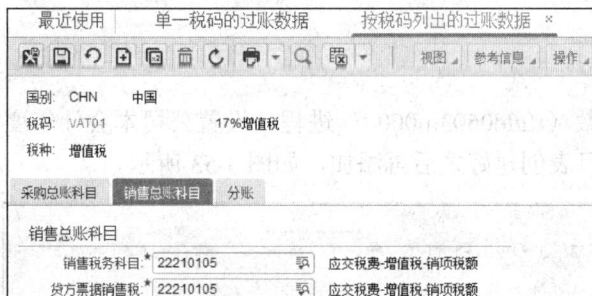

图 3-51　按税码列出的过账数据（2）

（4）核准税码

设置完成后，返回"按国别列出的税码（tcmcs0536m000）"进程中，单击菜单栏中"核准"按钮核准税码。

3.3　财务管理子系统

本书是针对 Infor LN ERP 系统后勤业务功能的实训教材，未编著相关的财务章节，但是必须为公司设置关键的财务主数据和参数，后勤业务才可以正常进行。公司关键的财务主数据和参数包括集团公司参数、公司参数、期间、科目表、事务处理类型、财务业务伙伴组、映射方案等。

3.3.1 创建期间

1. 新建期间

如图 3-52 所示，进入"期间（tfgld0105m000）"进程新建会计期间。期间包括会计期、报表期、纳税期。下面以会计期间为例进行介绍，读者可照此设置其他期间。

图 3-52 期间

在菜单栏中单击"按会计年度列出的终止日期（tfgld0106s000）"按钮可以新建会计年度。

2. 设置公司参数

进入"公司参数（tfgld0503m000）"进程，设置公司本会计年度和存档公司，其余相关分类科目等科目表创建好之后再添加，如图 3-53 所示。

图 3-53 公司参数

3. 设置集团公司参数

进入"集团公司参数（tfgld0501m000）"进程可设置财务期间数，如图 3-54 所示。

图 3-54　集团公司参数

4. 生成期间

返回"期间（tfgld0105m000）"进程，在期间行中逐一添加期间并设置期间起始日期，如图 3-55 所示。

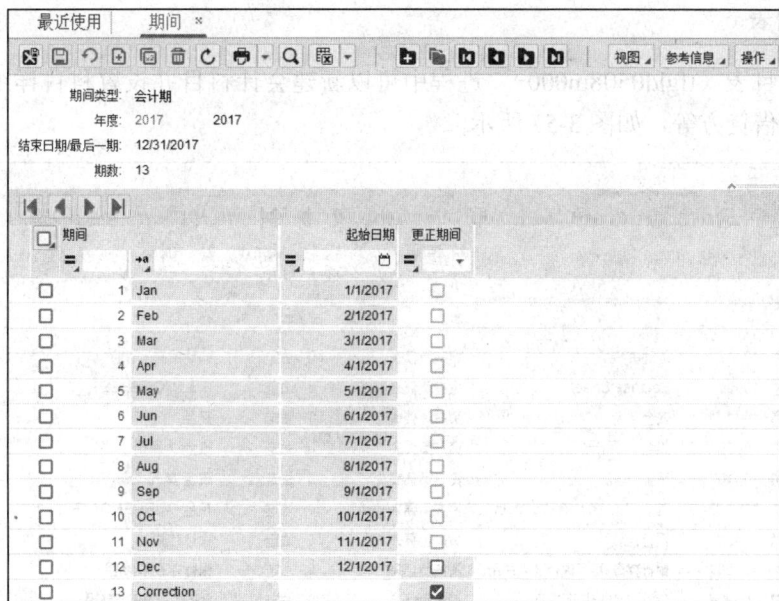

图 3-55　期间

5. 设置期间状态

在"期间（tfgld0105m000）"进程中，单击菜单栏中"期间状态"按钮，进入"期间状态（tfgld0107m000）"进程中，在菜单栏中单击生成期间状态，将所有新建期间设置为未结状态，如图 3-56 所示。

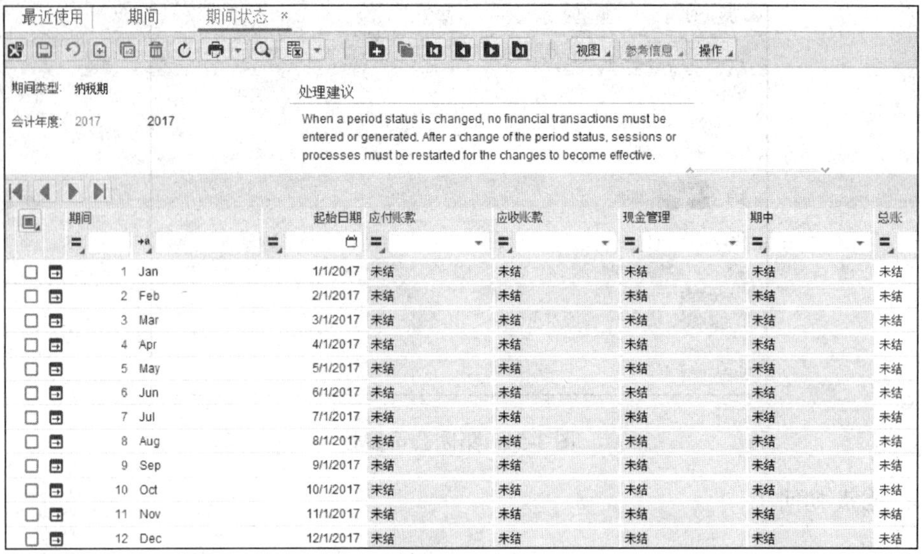

图 3-56　期间状态

3.3.2　科目表

在"科目表（tfgld0508m000）"进程中可以新建会计科目并设置科目详细信息，如科目类型、借贷方等，如图 3-57 所示。

图 3-57　科目表

3.3.3　财务业务伙伴组

财务伙伴组是指具有共同特征且必须输入一组控制科目的业务伙伴组，它包括"应收账款业务伙伴组（tfacr0110m000）"和"应付账款业务伙伴组（tfacp0110m000）"。

例如，可以将供应商分为国内供应商和国外供应商，如图 3-58 所示。

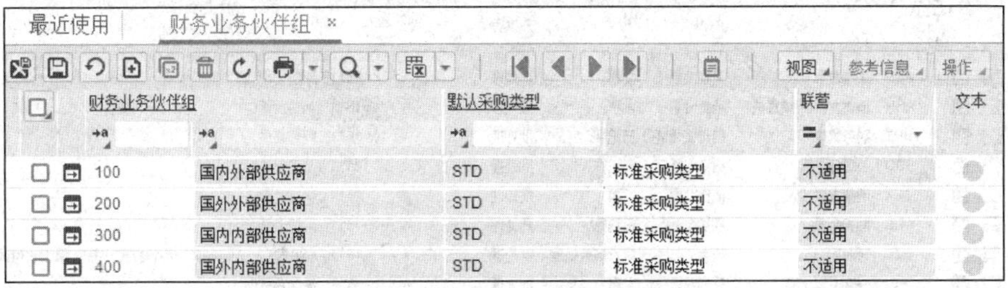

图 3-58 财务业务伙伴组

如图 3-59 所示，为不同的供应商业务伙伴组设置不同的控制科目。

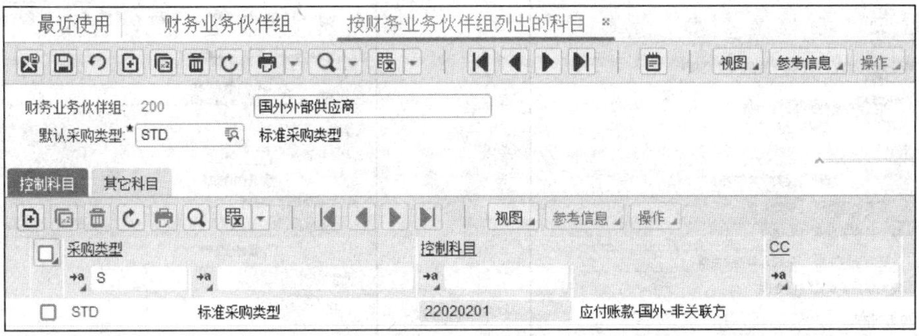

图 3-59 按财务业务伙伴组列出的科目

在新建业务伙伴时，必须为业务伙伴关联财务业务伙伴组。由于业务伙伴的角色包括发票接受方和发票开具方，因此可以根据业务伙伴的角色不同，分别与应收账款业务伙伴组（tfacr0110m000）和应付账款业务伙伴组（tfacp0110m000）进行关联。此外，在财务业务伙伴组对话框中，也可以单击工具栏中"显示业务伙伴"按钮，查看该财务业务伙伴组关联的所有业务伙伴。

3.3.4 事务处理类型和事务处理类型系列

"事务处理类型和事务处理类型系列"与编号组和第一空号作用类似，可用于标识财务事务处理。例如，日记账凭证、经常/冲销日记账、销售发票、销售更正、销售贷方票据、采购发票、采购贷方票据、采购更正、期初余额、现金等。

进入"事务处理类型（tfgld0511m000）"进程可创建事务处理类型，包括事务处理类型编码、类别、子类别、系列位数等，如图 3-60。

如图 3-61 所示，设置匹配采购订单发票的事务处理类型为 PGI。另外，可根据实际业务设置是否允许货币金额为负数。

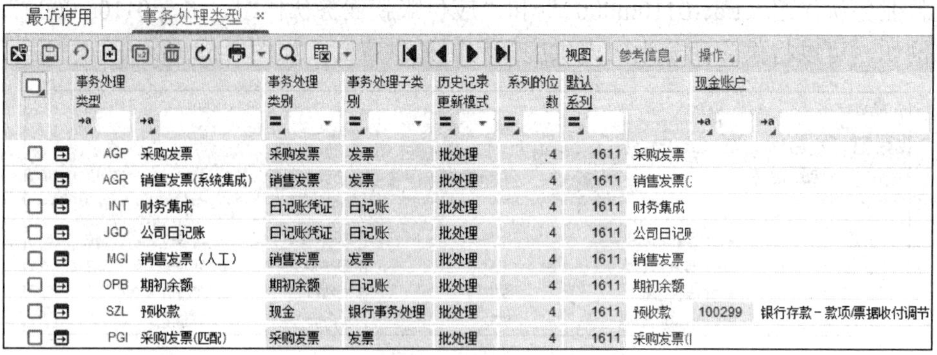

图 3-60　事务处理类型

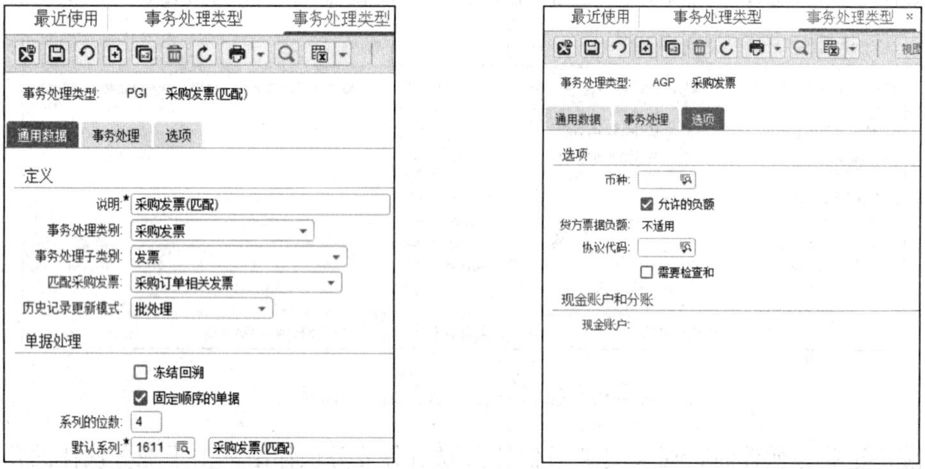

（a）事务处理类型为 PGI　　　　　　（b）设置是否允许货币金额为负数

图 3-61　匹配采购订单发票的事务处理类型

进入"事务处理类型系列（tfgld0114m000）"进程，可新建事务处理类型系列，一个事务处理类型可创建多个系列。如图 3-62 所示设置系列位数 4 为年月组合，每月进行手工切换，这样可更加方便地查看每月的各种财务事务处理。

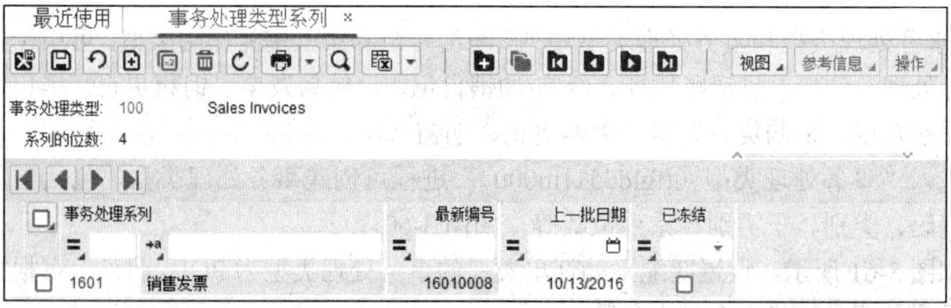

图 3-62　事务处理类型系列

本 章 小 结

　　本章主要介绍了 Infor LN ERP 的主数据子模块、公用数据管理模块及财务管理模块中重要的主数据和参数设置，如编号组、地址、单位、换算系数、业务伙伴、日历、定价、成本价计算、税码、期间、科目表、事务处理类型等。

　　主数据是系统运行的对象和环境，而参数是系统运行的基础规则。在 Infor LN ERP 系统中，主数据和参数非常多，不同的设置可能导致业务流程和结果的不同，因此，读者在设置主数据和参数时要根据业务去理解主数据和参数的具体含义及特定的设置对实际业务的影响。

第4章 物料和物料清单

⬇️ 本章内容

对于一个制造业公司而言，物料是其最基础，也是最关键的生产数据，因此，本章主要介绍 Infor LN ERP 系统中物料和物料清单的相关概念和操作，例如，如何对物料进行分类、新建物料、设置物料属性、创建 BOM 和计算物料成本价格等。

本章将以案例中的采购物料 RAW01 和制造物料 FG 为例进行介绍，读者可照此创建物料 RAW02、RAW03、WIP01，并设置相关属性。设置物料属性所需要的关键参数请参考"第 1 章 Infor 公司及 Infor LN ERP 系统"。

4.1 物　　料

4.1.1 物料的概念

物料是所有 ERP 最基础、最关键的数据，销售、采购、计划、制造、仓储等都是围绕物料进行。根据陈启申先生在《ERP——从内部集成起步》一书中的定义，物料是指要列入计划、控制库存、控制成本的物件的统称，换句话说，物料是计划的对象、库存的对象和成本的对象。因此，在 Infor LN ERP 系统中，所有用于制造的 RAW、WIP、FG、报废品、工具、办公用品等都是物料。

4.1.2 物料的属性

每一个物料都有基本的属性和特定的业务属性。基本的属性（物料通用数据）包括物料代码、物料名称、物料类型、物料组、库存单位、可追踪性、物料信号等；特定的业务属性包括与订货、销售、生产、采购、仓储、计划、成本等具体业务相关的数据，如物料订货数据、物料销售数据等。

因此，必须为每一个物料设置属性才可以使用该物料，不同的物料属性设置决定了该物料可以使用哪些业务功能。

4.2 物　　料　　组

为了便于系统数据的录入、统计、分析，可将物料进行分类，不同的分类标准可将物料划分为不同的类别。物料的分类方式有很多，如物料组、产品类型、产品分类、产品大类等。其中，物料组是指具有类似物料业务属性的物料的分组，它是 Infor LN ERP 系统中最常用的物料分类方式，也是必须设置的分类方式。

如图 4-1 所示，进入"物料组（tcmcs0123m000）"进程可新建物料组。

本案例中，按照物料所处的生产环节，将物料分为 FG 物料组、WIP 物料组、RAW 物料组。

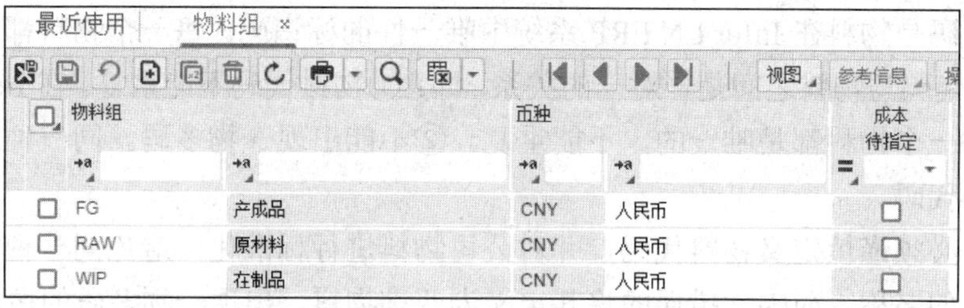

图 4-1　物料组

物料组仅仅是定义了分组名称，还必须要与"物料通用默认数据（tcibd0102s000）"关联。物料通用默认数据的设置和本章"物料业务数据"的设置完全相同，其目的是分组并提高新建物料的效率。在创建物料时，选择物料所属的物料组，系统自动为新物料设置好默认数据，物料通用默认数据与物料实际数据不一致的，可以进行修改。因此，物料组划分的越精确，物料通用默认数据设置的越详细，新建物料时修改得越少、效率也就越高。

说明：从系统运行的角度，可以不设置物料通用默认数据，但是，在实际业务中，物料的数量往往很多。因此，一般要提前设置好物料通用默认数据并关联物料组。不过，由于本案例中物料数量较少，因此不设置物料通用默认数据。

进入"物料（tcibd0501m000）"进程可创建物料，并为物料设置"物料通用数据"和"物料业务数据"。

本案例中，共有 5 个物料，包括 FG、RAW01、RAW02、RAW03、WIP01，创建完成后如图 4-2 所示。

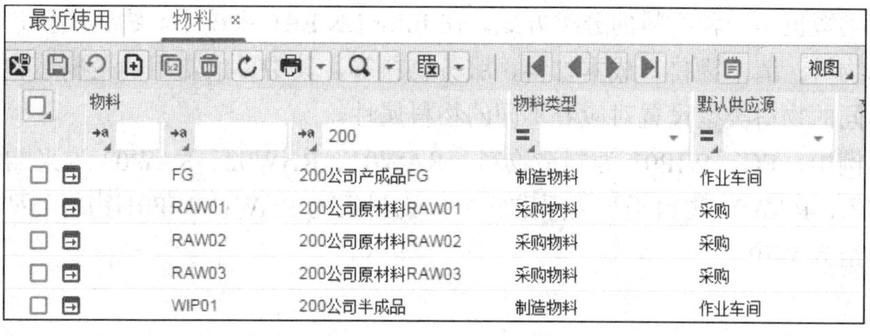

图 4-2　200 公司的所有物料

4.3 物料通用数据

4.3.1 物料代码

1. 物料代码的含义

物料代码是物料在 Infor LN ERP 系统中唯一性的标识码。每一个物料都有一个物料代码，物料代码与物料之间是一对一的关系，即：①物料代码不能重复。在 Infor LN ERP 系统中，每一个物料都是唯一的，不能重复。②不能出现一物多码。同一种物料不能出现多个物料代码。

因此，必须谨慎定义物料代码，并对公司物料进行标准化，避免同一种物料在不同部门有不同的名称，而因此错误的将其定义为两种物料，出现一物多码的情况。

本案例中，5 个物料的编码分别为 FG、RAW01、RAW02、RAW03、WIP01。

2. 物料代码的编码规则

物料的代码可以是数字、字母或数字与字母组合（可包含空格），但是不能出现%、^、!、@、$、&、*等符号。

在 Infor LN ERP 系统中，默认情况下，物料代码采用分段物料代码方式，即物料代码由 3 段组成，最长共计 50 个单字符。包括群段+项目段+物料基础段。其中，群段和项目段是根据实际业务需要的可选定义项，物料基础段是必须定义的。

1）群段：群是指位于特定地理区域的一组仓库。群段仅用于计划子系统中的计划物料，群段代码最长为 3 个单字符。

2）项目段：项目制生产模式进行生产的企业可定义项目段，项目段代码最长为 9 个单字符。

3）物料基础段：物料基础段代码最长为 38 个字符。

4.3.2 物料类型

物料类型也是一种物料的分类方式。在 Infor LN ERP 系统中，物料类型包括制造物料、采购物料、清单物料、成本物料、服务物料等，其中，最常用的是制造物料和采购物料，不同的物料类型设置对应着不同的物料属性。

本案例中，FG、WIP01 为制造物料，RAW01、RAW02、RAW03 为采购物料。如图 4-3 所示，RAW01 物料类型为采购物料，物料组为 RAW；WIP01 物料类型为制造物料，物料组为 WIP。

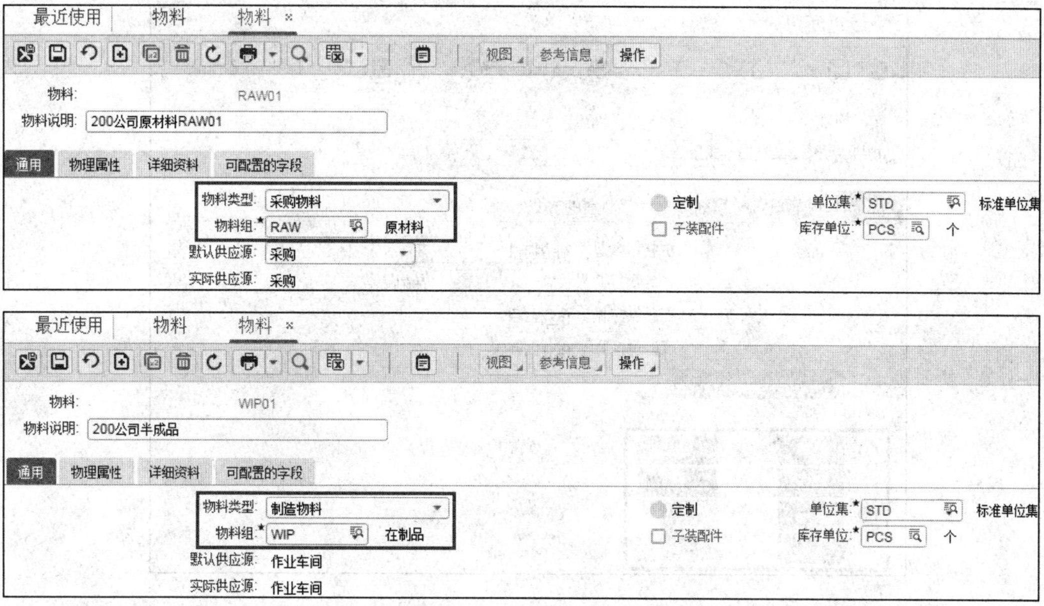

图 4-3　RAW01 和 WIP01 的物料类型

4.3.3　可追踪性

在实际业务中，出于保质期、安全、质量追溯等原因需要物料具有可追踪性。可追踪性主要包括批次控制和序列化控制两种方式。

1）批次控制是对同一物料，不同批次的产品或原料进行区分，每一批物料分配唯一的批次号用于追踪。批次控制物料常见于化工、食品、药品等行业。

2）序列化是对每一个物料进行区分，每一个物料分配一个唯一的序列号。序列化物料常见于汽车、电子行业。

4.4　物料的业务数据

物料的业务数据是指与具体业务相关的属性，它决定了物料可以进行哪些业务操作。在 Infor LN ERP 系统，物料的业务数据包括订货、销售、生产、采购、仓储、计划、成本、质量、项目、服务、货运、工具 12 种。

必须要为物料设置具体的业务数据，物料才可以执行该业务，因此，并不需要为物料设置所有业务数据。例如，如图 4-4 所示，WIP01 不用于销售和采购，即可不设置物料销售数据和物料采购数据。

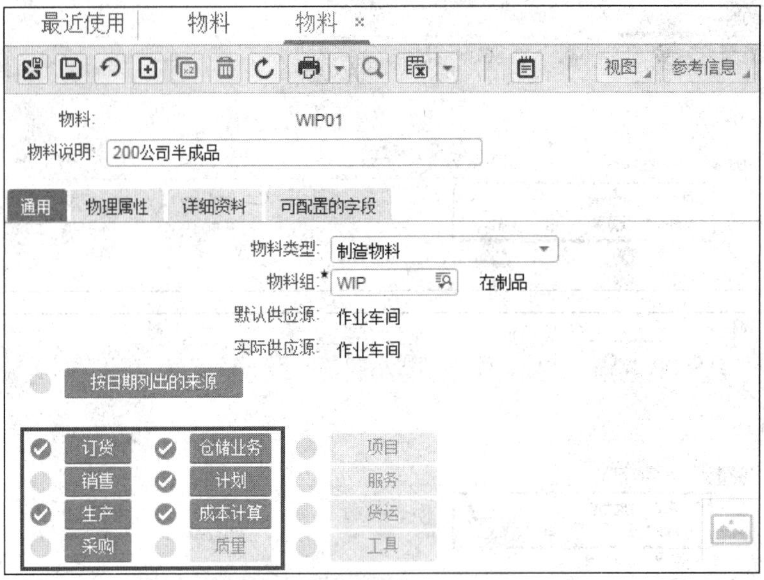

图 4-4　WIP01 的业务属性

4.4.1　物料订货数据

物料订货数据是与物料订货业务相关的属性，如订货策略、订货系统、订货方法、安全库存、最大库存等，其中，最重要的是物料的订货系统。

1）物料的订货系统是指物料采购订单或生产订单的计划方式，如计划订货系统、人工订货系统等。其中，计划订货系统是指通过运行主计划或物料需求计划来生成采购订单或生产订单；而人工订货系统是指人工确定采购或生产订单的数量和日期，并通过手工创建的方式创建采购订单或生产订单。因此，人工订货系统的物料不能设置"物料计划数据"。

2）物料的订货策略是指物料订货的方式，主要包括不具名物料和订单物料两种。如果选择订单物料，则该物料的采购或生产须与特定的客户订单相关，如按单生产模式的企业。

3）订货数量增量是指系统运行 MRP 生成的计划订单中建议数量的倍数。例如，虽然实际采购需求为 23，但是订货数量增量设置为 5，则系统生成的计划采购订单建议数量为 25。系统生成的计划采购订单在转换成实际的采购订单后还可以进行人工的修改。订货数量增量一般设置为 1。

如图 4-5 所示，本案例中，所有物料均设置为"计划订货系统"和"不具名物料"，其他订货业务属性保持默认设置即可。

图 4-5 RAW01 和 WIP01 的订货业务属性

4.4.2 物料计划数据

物料计划数据是与物料计划业务相关的属性，包括供应源、时界、订单计划跨度、计划跨度、订单提前期、主计划等。如上所述，在物料订货数据中设置为"计划订货系统"的物料必须设置物料计划数据。

1）供应源是指物料的供应来源，包括物料源和分销两种，一般设置为物料源。物料源如生产车间生产、向供应商采购等。在多公司结构中，如果物料来自于公司内部业务伙伴之间调拨等，可设置为分销来源。

2）如果在物料计划数据中选择了"维护物料主计划"，则表示该物料可以通过主计划来安排供应，事实上，只有关键的独立需求件才要维护主计划，如成品和长线物料等。

3）时界是冻结计划订单的时段，在时界内的计划不能再进行修改。

4）订单计划跨度是可以产生计划订单的时间区间。例如，当前时间为 1 月 1 日，某销售订单的交货日期为 6 月 1 日，而订单计划跨度仅 120 天。由于销售交货日期还很早，因此，执行物料订单计划时，不会为该销售订单产生计划生产/采购订单。

5）计划跨度都是可以产生供应计划的时间区间，其含义与订单计划跨度类似，但是只有维护主计划的物料才能设置计划跨度。

如图 4-6 和图 4-7 所示，本案例中，所有物料均不选择"维护物料主计划"，即均通过运行物料订单计划确定生产和采购计划。

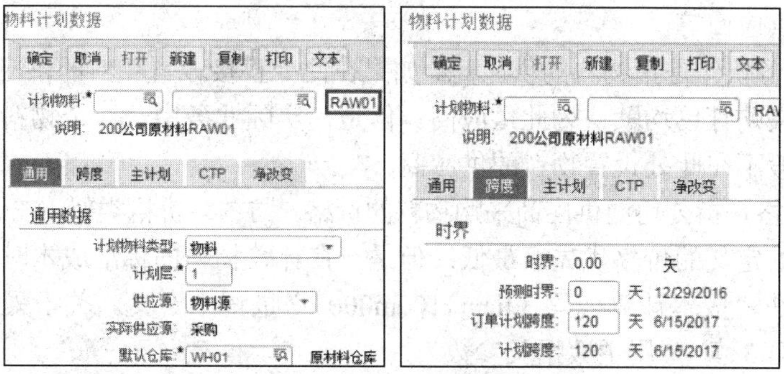

图 4-6 RAW01 的计划业务属性

4.4.3 物料销售数据

物料销售数据是与物料销售业务相关的属性，如销售承诺策略、销售价格、税码、超额交货等（图4-7）。

1）销售价格是公司销售给客户的价格，在物料销售价格优先级中，物料销售数据处定义的价格优先级最低。关于物料的定价请参考"第3章 公用主数据及参数"。

2）超额交货是指是否允许超过订单数量交货。一般情况下，不选择"允许超额交货"。

本案例中，只有 FG 才对外销售（销售价格为 2000），其他物料均不对外销售，因此，只有 FG 需要设置物料销售数据。

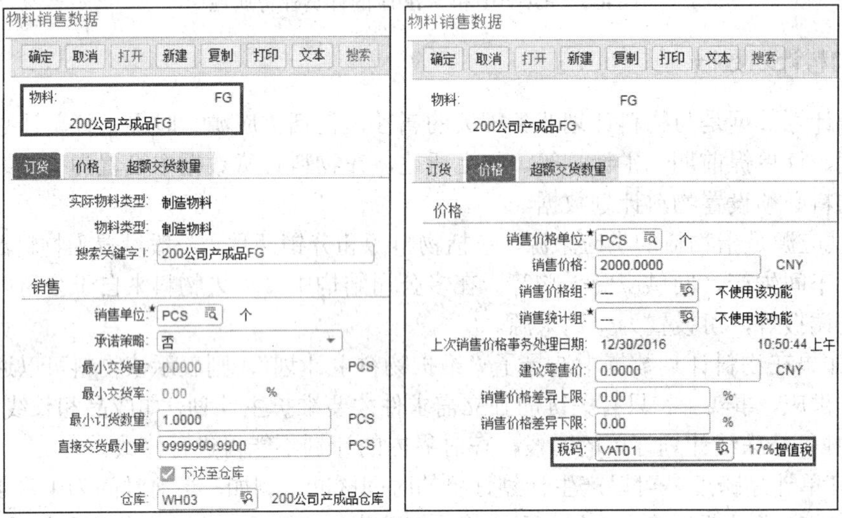

图 4-7　FG 的销售业务属性

注意，必须为物料设置销售税码。

4.4.4 物料采购数据

物料采购数据是与物料采购业务相关的属性，如卖方业务伙伴、采购价格、收货容限、是否核准供应商等。

1）卖方业务伙伴是指物料的供应商。如果在此处直接设置物料的供应商，则意味着该物料的所有采购订单均默认为此供应商。但是，实际业务中，一个物料的供应商往往很多，因此一般不在此处设置物料的供应商。

2）采购价格是指公司向供应商采购物料的价格。与销售价格类似，在做采购订单时，物料采购数据处定义的价格优先级最低；但是，在计算物料的标准成本时，采购原材料的价格优先级在"成本计算代码（ticpr1100m000）"进程中定义。关于采购物料的价格定义请参考"第3章 公用主数据及参数"。

3）收货容限是指允许供应商提前交货或延迟交货的天数及少于订单数量交货和大于

订单数量交货的数量。一般情况下，可以允许供应商少交货，但不允许多交货。此外，还可以设置超过容限的处理措施，如冻结订单、警告或无动作。

4）需要特别注意的是，如果选择了"仅从已核准的供应商采购"，则意味着物料的供应商必须经过在系统中设置"核准"才能从此供应商处购买物料。物料供应商核准方式请参考"第 7 章　采购订单"。

5）选择"检验"则表示物料采购入库时需要进行检验，关于物料检验的设置方式及优先级很多，将在"第 7 章　采购订单"中再进行详细介绍。

本案例中，RAW01、RAW02、RAW03 作为原材料，需要设置物料采购数据，其采购价格分别为 10 元、20 元、30 元。此外，3 个原材料供应商均设置为仅从已核准的供应商采购，且需要收货入库检验，其他采购业务属性保持默认设置即可，如图 4-8 所示。

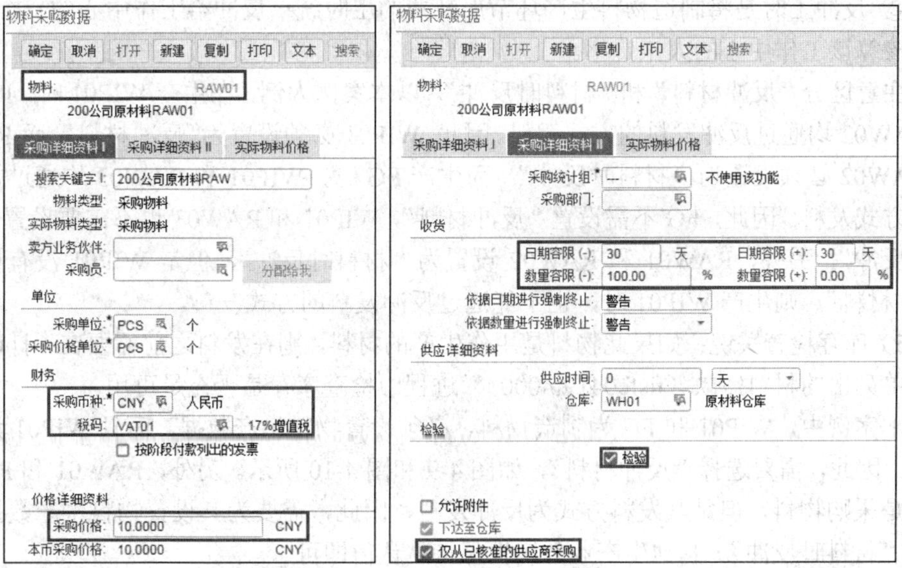

图 4-8　RAW01 的采购业务属性

注意，必须为物料设置采购税码。

4.4.5　物料生产数据

物料生产数据是与物料生产业务相关的属性，如物料清单、工艺流程、反冲、发料设置等。

1）废品率或废品数量是指在做物料计划时，系统会考虑物料的废品情况。例如，原本需要 10 个，但是废品率为 10%，则实际需要 11 个。

2）在物料清单行上指定仓库：如果选择该复选框，则在创建物料清单时，必须为物料清单行中的物料设置仓库。在给车间仓库发料时，系统优先取物料清单行上的仓库，如果没有设置再取"物料订货数据"中的仓库。不过，一般情况下，两处都设置为物料实际存放的仓库即可。

3）与订单数量相关的工艺流程：如果选择此复选框，则在制造物料的工艺流程设置时，可以根据生产数量来选择工艺流程。例如，当订单量很少时，可以选择 A 工艺流程，当订单量很大时，选择 B 工艺流程。

4）在 Infor LN ERP 系统中，生产物料的发料方式有很多种，包括常规的发料方式、反冲发料方式及车间存货等。反冲发料是指针对一些正常消耗的低成本材料，或在领料时不明确清楚具体消耗数量，或在计划波动较大等情况下，可先将物料发料到车间使用，在工序报工或订单完工时，再在系统中核算具体消耗数量等发料方式。

物料的反冲设置包括 3 个方面：

① 反冲材料是指该物料可以通过反冲发料的方式为其从仓库发送下层生产组件。

② 材料时反冲是指该物料作为其他上层物料的生产组件时，是否可以反冲发料。

③ 反冲工时是将制造物料生产环节所耗费的工时统一反冲给工作中心的一个员工，以此核算该工作中心的人工费率。

注意区分"反冲材料"和"材料时反冲"。以本案例为例，在生产 WIP01 时，RAW01 和 RAW02 均通过反冲发料的方式发料。因此，WIP01 必须设置为"反冲材料"，而 RAW01 和 RAW02 必须设置为"材料时反冲"；而生产 FG 时，WIP01 和 RAW03 均通过常规发料的方式发料。因此，FG 不需设置"反冲材料"，WIP01 和 RAW03 也不需要设置为"材料时反冲"。另外，RAW01 和 RAW02 设置为"材料时反冲"，但是 WIP01 没有设置为"反冲材料"，则生产 WIP01 时，也不能通过反冲发料的方式发料。

5）库存检查关键：如果此物料是用作生产的材料，则在发料之前需要在"打印按生产订单列出的材料短缺（tisfc0419m000）"进程中检查库存是否充足可用。

本案例中，WIP01 和 FG 为制造物料，必须设置物料生产数据，而且 WIP01 为反冲物料，因此，需要选择"反冲材料"，如图 4-9 和图 4-10 所示。另外，RAW01 和 RAW02 虽然是采购物料，但是其发料方式为反冲发料，因此，需要为其设置物料生产数据，并选择"材料时反冲"。其他生产业务属性保持默认值即可。

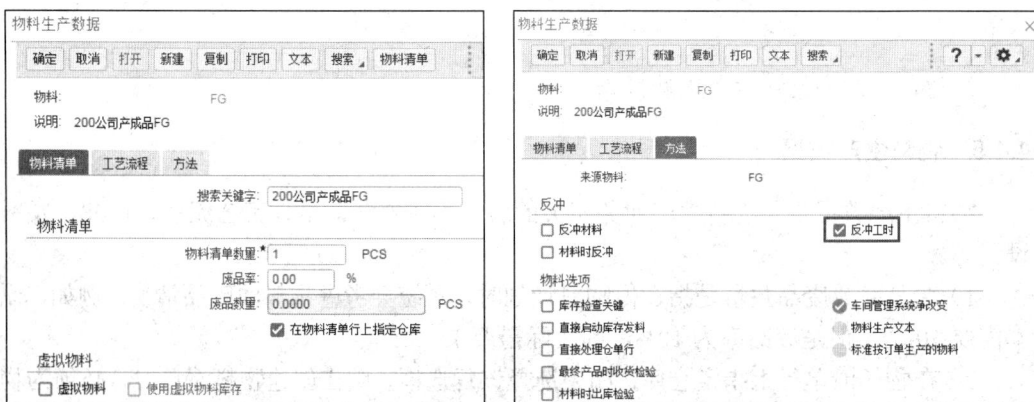

图 4-9　FG 的生产业务属性

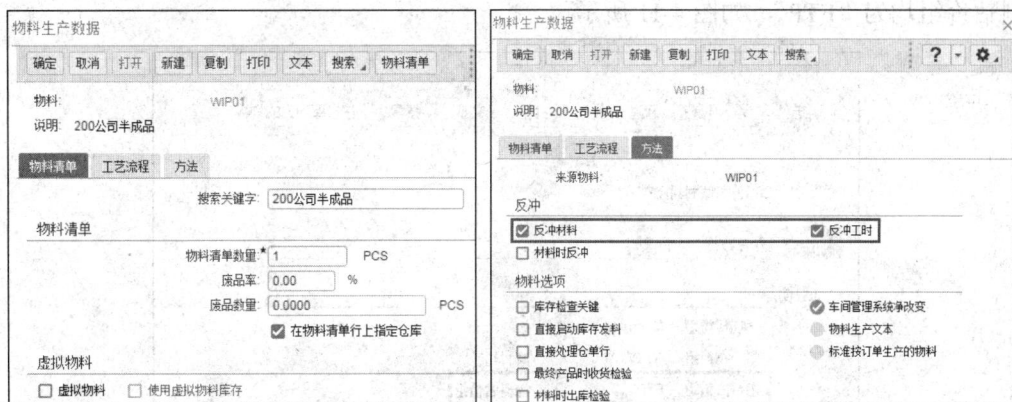

图 4-10 WIP 的生产业务属性

请读者自行设置 RAW01、RAW02 的生产业务属性,并选择"材料时反冲"。

4.4.6 物料仓储数据

物料仓储数据是与物料仓储业务相关的属性,如库存估价、库位控制、出库方法、车间存货。

1)物料估价是对物料的库存价值进行估价,物料估价组是便于进行库存估价而进行的分组。物料估价时可按照物料类型进行估价、也可按照仓库进行估价。例如,将产成品定义为一个物料估价组,则在"执行库存估价(whina1210m000)"进程中可估算出所有产成品库存价值。

2)库位控制:如果选择库位控制,则意味着物料必须存放到具体库位中。

3)出库方法是指物料出库的顺序。其中"按库位"是指按照库位优先级确定出库顺序,优先级相同的则按照库位编号由小到大有限出库。

说明: 与物料出库相似,系统生成物料入库通知时也会按照库位优先级为物料分配库位。入库时,系统首先检索该物料是否定义了固定库位(whwmd3502m000),如果有,优先选择固定库位。相同优先级的固定库位,按照库位编号由小到大选择。如果没有固定库位 [前提是必须在仓储主数据参数(whwmd0500s000)中选择"生产入库通知单时使用自由不固定库位"],则选择普通库位,优先级选择类似。

4)车间存货是另一种生产发料方式,即将物料价值很低的制造物料,如螺丝、薄膜等设置为车间存货。车间存货不存在于 BOM 结构中,发料即视为全部消耗,其成本亦不作为生产物料的材料成本,不过可将其作为材料附加费。另外,按照字面意思,车间存货存放在车间中,但实际业务中存放在具体仓库中,发料时通过库存转移订单发料,但是这种库存转移订单只有出库,没有入库,即不会入库到车间仓库中,因为发料即视为全部消耗。

本案例中,所有物料均设置为库位控制,且出库方法为"按库位"方式。另外,物料估价组均为"FTP",如图 4-11 所示。

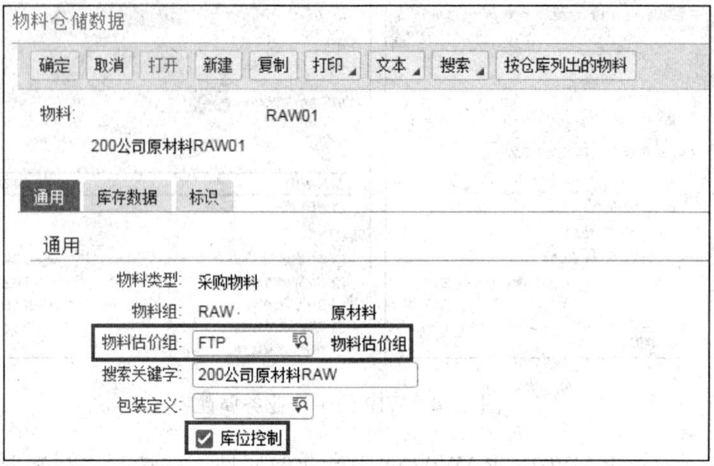

图 4-11　RAW01 的仓储业务属性

4.4.7　物料成本数据

物料成本数据是与物料成本业务相关的属性,主要是设置物料汇总成本构成,并计算和查看物料标准成本。

一般情况下,物料的成本构成都是由材料成本、工序成本及附加费构成的,因此,在定义物料的成本结构时,通常会定义汇总材料成本、汇总工序成本和汇总的附加费作为累计计算物料标准成本的成本结构,如图 4-12 所示。

图 4-12　RAW01 的成本业务属性

需要特别注意的是,物料的标准成本可以为 0,但是,必须为所有物料计算标准成本物料才可以在实际业务中使用。关于物料标准成本价格的计算请参考"4.7.2 物料的标准成本计算"。

4.5　制造物料工艺流程

制造物料的工艺流程是指物料生产加工工序的有序集合。每一个制造物料可以设置多种工艺流程，如"与订单数量相关的工艺流程"。

如图 4-13 所示，在"工艺流程参数（tirou0100m000）"进程中可设置系统中默认工艺流程代码（系统初始设置为0）。以系统初始值"0"为例，如果默认工艺流程代码为0，则表示所有制造物料在新建工艺流程时，创建编号为 0 的工艺流程为该制造物料的默认工艺流程。

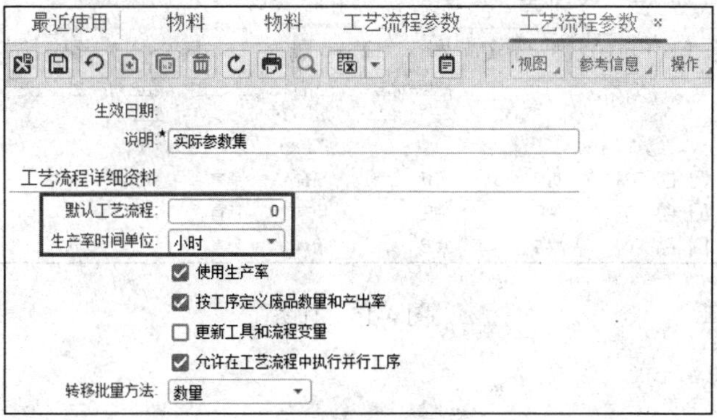

图 4-13　工艺流程参数

下面以 WIP01 为例介绍物料工艺流程的创建方法，读者可照此完成 FG 工艺流程的创建。另外，WIP01 的加工工序及工作中心、机器等见"第 1 章　Infor 公司及 Infor LN ERP 系统"。

4.5.1　新建工艺流程代码

如图 4-14 所示，进入"物料工艺流程（tirou1101m000）"进程可新建并设置物料工艺流程。

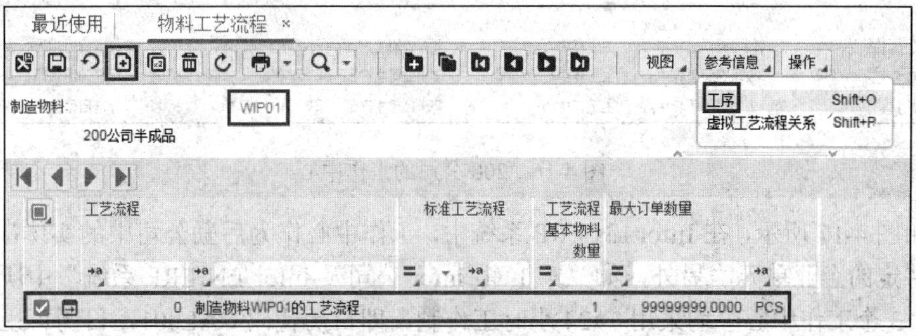

图 4-14　WIP01 的工艺流程

新建并设置完 WIP01 的工艺流程（0）之后，可点击菜单栏中"参考信息→工序"，为工艺流程创建每一道工序。需要注意的是，在创建工艺流程工序之前，应该先将工序的"任务""工作中心""机器"等设置好。

1. 任务

任务是生产加工过程中的一项具体活动，如冲压、剪切、钻孔、焊接等。如"第 1 章 Infor 公司及 Infor LN ERP 系统"所述，WIP01 经过剪切、冲压、焊接等 3 道工序加工而成，FG 经焊接 1 道工序加工而成。如图 4-15 所示，进入"任务（tirou0103m000）"进程可新建并设置任务。

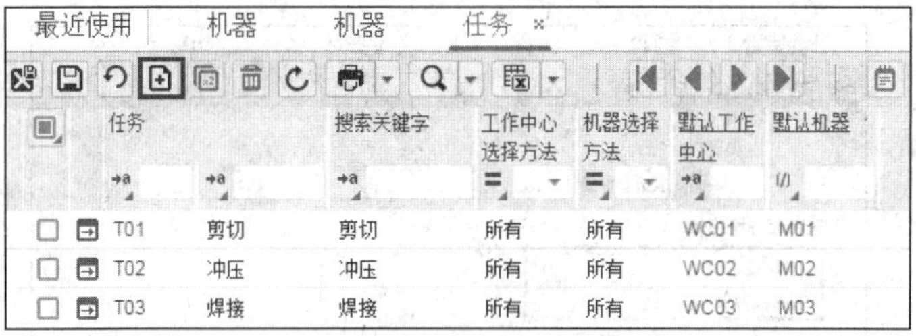

图 4-15　任务

2. 工作中心

工作中心是各种生产能力单元的统称，是工厂内执行工序作业的区域。根据公司业务需要，一台机器、一个人、一条生产线、一个外协工厂都可以称为一个工作中心。工作中心与加工中心不同，工作中心属于计划和控制范畴，而不属于固定资产或设备范畴。

如图 4-16 所示，进入"工作中心（tirou0101m000）"进程，可新建并设置工作中心。

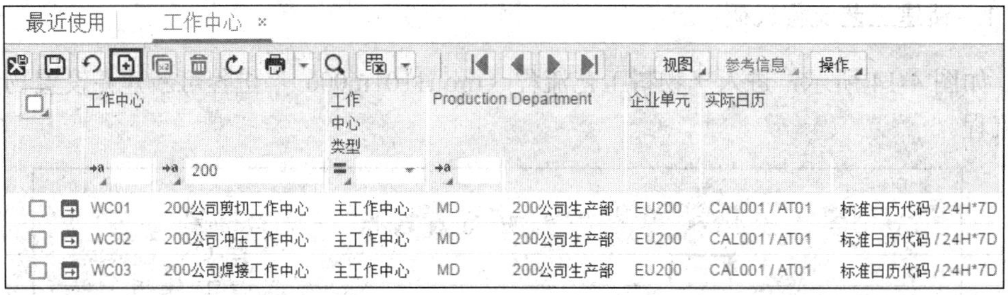

图 4-16　200 公司的工作中心

如图 4-17 所示，在 Infor LN ERP 系统中，工作中心作为后勤公司中的实体，必须关联至特定的企业单元。另外，如"第 1 章 Infor 公司及 Infor LN ERP 系统"中所述，案例中，3 个工作中心中均采用 7×24 小时工作制，即日历代码 CAL001，日历可用性类型 AT01（关于日历详见"3.2.1 日历"）。

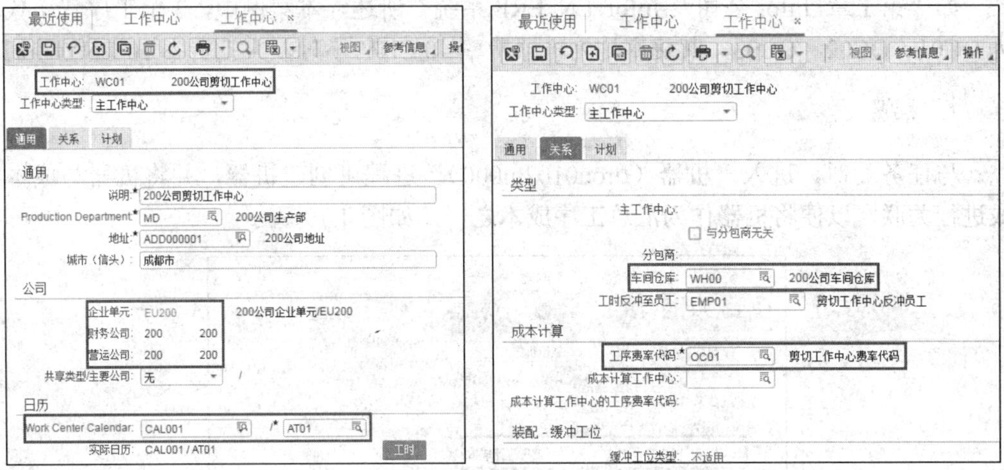

图 4-17　WC01 工作中心

　　车间仓库是用来存储为工作中心提供的中间（物料）库存的仓库。如果使用车间仓库功能，则工作中心需要从车间仓库领料，即原料先从原料库转移至车间仓库，再从车间仓库发料至工作中心，以此实现对物料的精确管理。本案例中，3 个工作中心共用车间仓库 WH00。

　　需要特别注意的是，必须为每一个工作中心设置"工序费率代码"，工序费率代码的设置决定了制造物料的工序成本。

　　如图 4-18 所示。设置工序费率时，首先进入"工序费率代码（ticpr0150m000）"进程创建工序费率代码，然后进入"工序费率（ticpr1150m000）"进程，设置工序费率代码的具体工序费率数值。需要注意的是，价格计算代码需要与"标准成本计算参数（ticpr0100m000）"进程中一致。

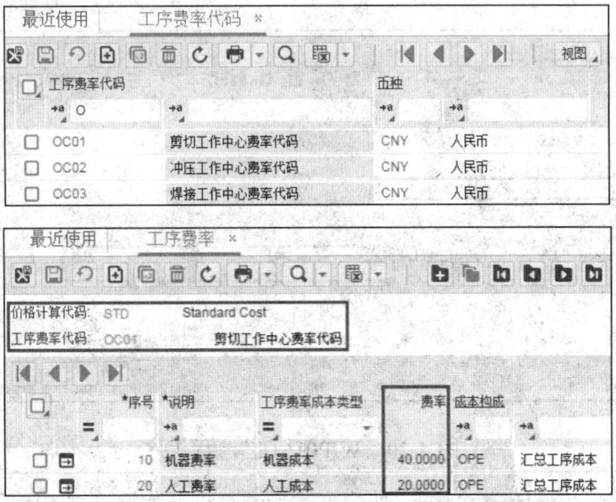

图 4-18　工序费率代码 OC01 及其工序费率

如"第 1 章 Infor 公司及 Infor LN ERP 系统"所述，本案例中，3 个工序费率代码为 OC01、OC02、OC03，其费率均为机器费率 40 CNY/小时，人工费率 20 CNY/小时。

3. 机器

与任务类似，进入"机器（tirou0102m000）"进程可创建机器，并将机器与成本构成进行关联，以便将机器作为汇总工序成本之一，如图 4-19 所示。

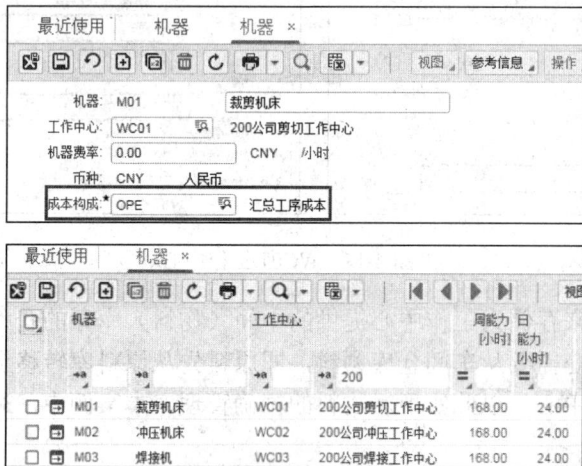

图 4-19　机器 M01

4.5.2　创建工序

工序即任务、工作中心、机器的组合，说明某任务在哪个工作中心，使用什么机器完成。如图 4-20 所示，进入"工艺流程工序（tirou1102m000）"进程为物料工艺流程创建工序。

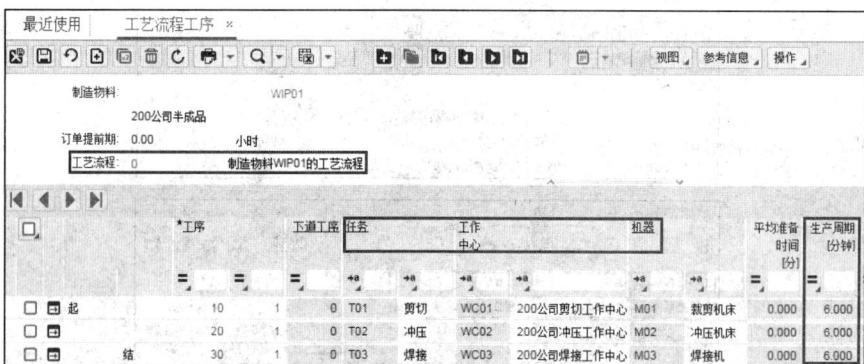

图 4-20　WIP01 工艺流程工序

如"第 1 章 Infor 公司及 Infor LN ERP 系统"所述，WIP01 每一道工序的加工周期为 6 分钟。如果需要设置详细的作业时间，如排队时间、准备时间、等待时间、移动时间、转移批量等，可打开工序行，进入工序行详细信息中设置。

4.6 BOM

BOM 是产品的结构模型。进入"物料清单（tibom1110m000）"进程可编制产品的
BOM。

如图 4-21 所示。创建物料清单时，首先单击"新建"按钮创建物料清单头，并选择
需要创建物料清单的物料 FG；然后单击"物料清单"按钮，根据产品 BOM 结构图（见
第 1 章 Infor 公司及 Infor LN ERP 系统）注意添加制造物料 FG 的下层物料 WIP01 和
RAW01，并分别设置"净数量"。FG 的物料清单创建完成之后，选中另一个制造物料
WIP，并单击菜单栏"视图→下一层"按钮，进入下一层为 WIP01 创建物料清单。

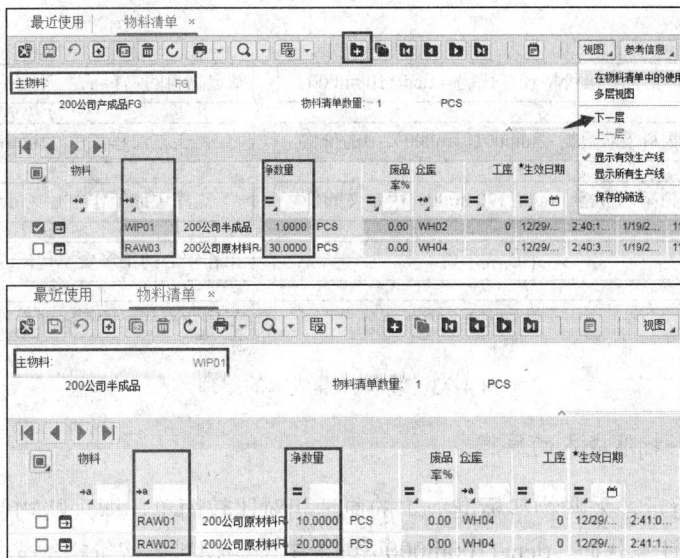

图 4-21　创建物料清单

重复上述步骤，直至所有制造物料的物料清单均创建完成。返回到最上层的制造物料
中，单击菜单栏"视图→多层视图"按钮，即可查看完成的物料清单图，如图 4-22 所示。

图 4-22　制造物料 FG 物料清单多层视图

4.7 物料的标准成本

如"4.4 物料的业务数据"所述，必须为物料计算标准成本（即使计算结果为 0），物料才能正常用于实际业务操作。

4.7.1 物料标准成本的原理

物料标准成本的原理如图 4-23 所示。

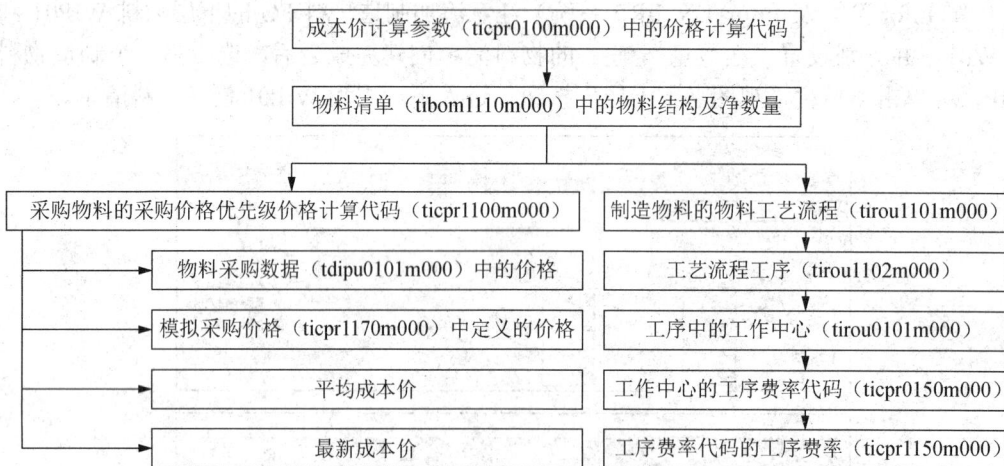

图 4-23 物料标准成本的原理

1. 采购物料标准成本的原理

如图 4-23 所示，采购物料标准成本的原理相对比较简单，即采购物料的采购价格。但是，根据价格计算代码（ticpr1100m000）进程中采购物料采购价格优先级的顺序不同，采购物料标准成本的取值也不同。

1）当前价格：物料数据中采购数据业务属性（即物料采购数据（tdipu0101m000））中的价格，一般是企业计算出的采购物料计划价，一般设置为第一优先级。

2）模拟采购价：模拟采购价格（ticpr1170m000）进程中人工定义的价格。可以添加多个模拟采购价，用于模拟不同价格下物料的成本。

3）平均成本价：如果将平均成本价作为第一优先级，则每录入一次采购发票，系统会自动匹配相关物料并根据采购发票上的价格计算加权平均的采购成本价，并更新物料成本价。这种方式对采购物料的标准成本计算更加精确，但是对系统的性能影响较大。

4）最新成本：物料最新的采购成本，一般指最新的采购发票上的价格。

2. 制造物料标准成本的原理

制造物料的标准成本相对复杂，制造物料的标准成本是物料清单中消耗采购物料的材料消耗成本和制造物料的工序成本之和。

如图 4-23 所示，制造物料的工序成本是所有工序成本之和，即

$$\sum_{\text{工序 (1-}N)} \frac{\text{工序费率} X(\text{元} / \text{小时})}{60\text{分钟} \big/ \text{生产率} Y(\text{分钟} / \text{个})}$$

4.7.2　物料的标准成本计算

进入"计算标准成本（ticpr2210m000）"进程可计算采购物料或制造物料的标准成本价，如图 4-24 所示。

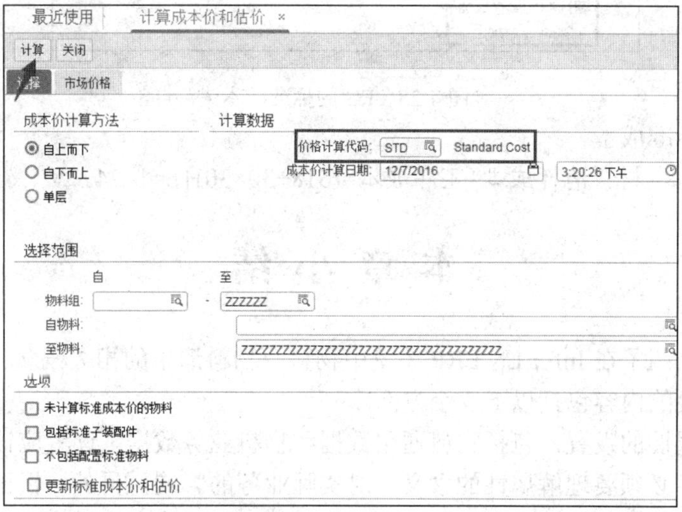

图 4-24　计算标准成本

4.7.3　查看物料的标准成本

如图 4-25 所示，物料的标准成本计算完之后，进入"物料成本计算数据"中可查看物料的标准成本。

以 FG 的标准成本为例：

1）本案例中，价格计算代码中，采购物料价格优先级的第一优先级为"当前价格"，即物料数据中采购数据业务属性中的价格。而根据"4.4 物料的业务数据"所述，RAW01、RAW02、RAW03 的采购价格分别为 10/20/30，也就是说 RAW01、RAW02、RAW03 的标准成本分别为 10 元/20 元/30 元。

2）WIP01 的标准成本。

① 材料消耗成本：在物料清单中，WIP01 消耗 10 个 RAW01、20 个 RAW02，即材

料消耗成本为 10×10+20×20=500。

② 工序成本：WIP01 由剪切、冲压、焊接等 3 道工序加工而成。每道工序对应的工作中心工序费率为 60 元/小时（机器 40、人工 20）；每道工序的生产效率均为 6 分钟/个，即每小时生产 10 个。因此，工序成本为 6+6+6=18。

③ WIP01 标准成本=材料消耗成本+工序成本=500+18=518。

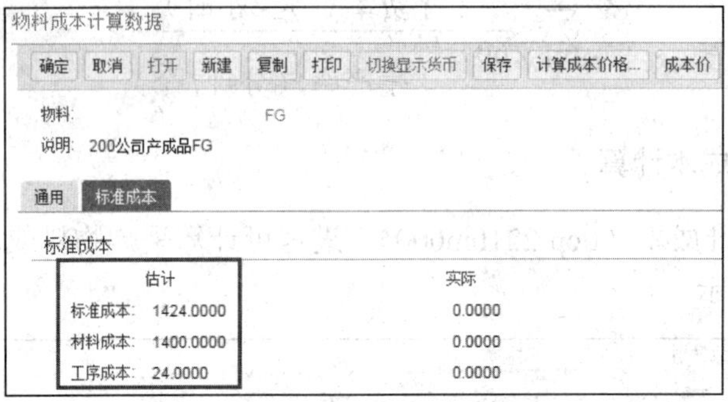

图 4-25 FG 的标准成本

3）FG 的标准成本。

FG 标准成本=材料消耗成本+工序成本=(518+30×30)+6=1424。

本 章 小 结

本章主要介绍了在 Infor LN ERP 系统中物料及物料清单的相关概念和创建方式，其中，本章最重要的内容包括以下 3 个方面。

一是物料属性的设置，包括物料通用数据和物料业务数据。读者应该注意，在设置物料的属性时，必须要理解属性的含义及对实际业务的影响；另外，根据业务需要，选择设置物料的属性。

二是制造物料的工艺流程，包括机器、任务和工作中心的创建。

三是如本章所述，所有物料必须要计算标准成本后才能用于实际业务。因此，读者须理解物料，尤其是制造物料的标准成本运算逻辑。

第5章 销售管理

本章内容

在 Infor LN ERP 系统中，与销售管理相关的功能模块很多，如销售报价单、销售订单、销售合同、销售进度计划等，其中最常应用的是销售订单功能。因此，本章内容安排如下：

首先，简要概述介绍销售管理相关的各功能模块，使读者对 Infor LN ERP 系统的销售管理有相对全面的认识。

接着，介绍如何设置销售管理相关的重要主数据和参数，这些主数据和参数是运行销售订单业务所必需的。

然后，重点介绍销售订单业务，如常规销售业务、销售退货业务、延交销售业务等。

最后，在本章最后还将对销售管理相关的常用进程进行总结，以便读者操作。

5.1 销售管理概述

在 Infor LN ERP 系统中，销售管理主要是处理与销售业务相关的子系统，包括客户的创建与管理、销售订单、销售合同、销售报价单的创建与处理、追溯开单、交货后更改价格等。其中，最重要的，也是常用的是销售订单的创建与处理，因此，可根据实际业务需要选择在 Infor LN ERP 系统中启用哪些功能，关于如何启用功能请参考"附录 Infor LN ERP 系统的基本操作"。

5.1.1 销售报价单管理

销售报价单是公司向客户发出的产品价格、销售条款的说明，是一种销售投标文件。

在"销售报价（tdsls8310m000）"进程中可以创建销售报价单，其创建方式和销售订单类似。最终，如果客户接受了销售报价单，则可以将销售报价单转化为正式销售订单。

另外，需要注意的是，销售报价单还可能影响主计划的编制。如果在计划"方案（cprpd4100m000）"进程中选择了运行计划时"包括销售报价单"，则系统会考虑销售报价单成功的概率与"销售报价单参数（tdsls0500m100）"中"报价单最小概率百分比"的对比。如果销售报价单成功概率大于该百分比，则系统认为该报价单中的需求为已经确认的需求，并把该需求作为主计划需求的一部分。

5.1.2　销售订单管理

销售订单管理是销售管理中最常应用的功能，关于销售订单管理请参考本章"5.3 销售订单管理"。

5.1.3　销售合同管理

销售合同是与客户之间签订的长期、多次交货协议。

在"销售合同（tdsls8330m000）"进程中可以创建销售合同，并在"销售合同交货行（tdsls3104m000）"进程中为销售合同创建交货方案。交货方案确定了销售合同的具体交货方式，例如，在销售合同中议定的一年内 FG 订货数量为 12 000 个，则可以在交货方案中创建 12 个交货行，每个交货行交货数量为 100 个。最终，在"根据交货方案生成销售订单（tdsls3140m000）"进程中将每一个交货行生成对应的正式销售订单。

5.1.4　销售进度计划管理

与销售合同类似，"销售进度计划（tdsls3111m000）"也主要用于频繁的长期销售。

销售进度计划的来源主要有 3 种：销售下达转化、销售合同转化及人工创建。其中，销售下达转化是比较常用的方式。与销售合同管理不同的是，如果销售进度计划是由销售下达转化或人工创建的，而不是由销售合同转化的，销售进度计划可直接生成对应的仓单而不是销售订单。

5.1.5　追溯开单

追溯开单是特殊情况下，针对已交货且开完销售发票的订单重新更改价格并开具发票。

进入"生成追溯开单的价格更改通知（tdsls3270d000）"进程可以为某个已结算的销售订单生成追溯开单。然后在"追溯开单的价格更改通知（tdsls3570d000）"进程中核准追溯开单并将追溯开单生成新的销售订单。新的销售订单不执行仓储交货活动，只执行财务统一开票活动，因此，如果要使用追溯开单功能，必须先在"销售订单类型（tdsls0594m000）"进程中设置一个专门的追溯开单销售订单类型（关于销售订单类型请参考本章"5.2 重要主数据和参数"）。

5.2　重要主数据和参数

与销售管理相关的重要主数据主要包括业务伙伴（客户）、销售部门、物料销售数据、销售订单类型、销售价格等。此外，还可以设置部门和用户的配置文件以提高销售订单录入效率。

与销售管理相关的重要参数主要包括销售参数、销售订单参数等。此外，如果需要启用合同、报价单和进度计划等功能，还需要设置销售合同参数、报价单参数、进度计划参数等对应功能的参数。

5.2.1 重要主数据

1. 业务伙伴（客户）

客户是公司对外销售产品的对象。本案例中，200 公司共有 2 个客户，分别是CUS000001 和 CUS000002(关于客户的创建和设置请参考"第 3 章 公用主数据及参数")。

为了便于用户操作，Infor LN ERP 系统提供了客户全方位视图功能，即进入"客户全方位视图（tdsmi1500m000）"进程，可查看所有客户及该客户发生的所有销售业务数据，如销售订单、销售合同、销售报价单、订单余额、发票余额等，如图 5-1 所示。

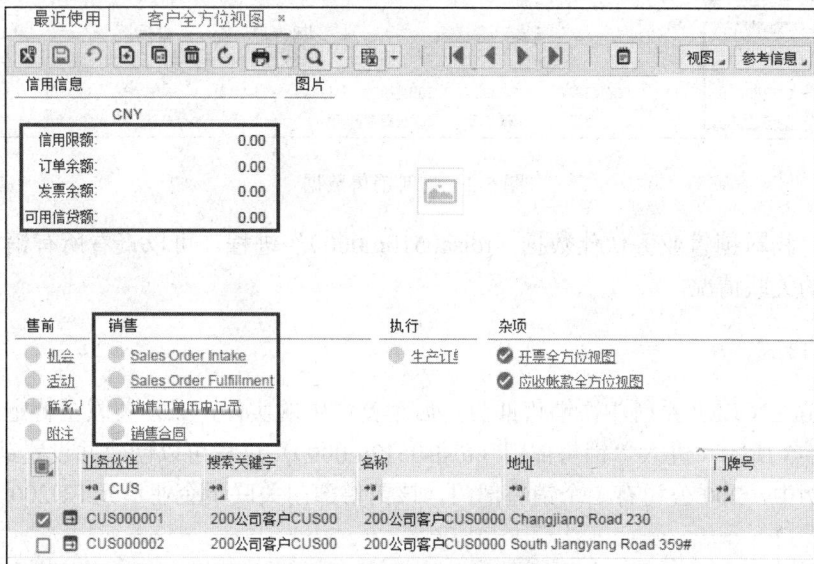

图 5-1　客户全方位视图

2. 物料销售数据

如"第 4 章 物料和物料清单"所述，如果物料要对客户进行销售，则必须为物料设置物料销售数据，如销售单位、销售价格、超额交货等。物料销售数据的设置既可以在"物料（tcibd0501m000）"进程中设置，也可以在销售管理中的"物料销售数据（tdisa0501m000）"进程中专门设置。

与"物料（tcibd0501m000）"进程中设置不同，在"物料销售数据（tdisa0501m000）"进程中还可以将物料与客户进行关联，即表示该物料可以销售给该客户。不过需要说明的是，与采购管理中核准供应商功能不同（请参考"第 7 章 采购订单"），销售管理中物料和客户的关联不具强制性，即在采购管理中，如果使用了核准供应商功能，则该物料必须从已核准的供应商处采购。而销售管理中，即使物料和客户不关联，依然可以进行销售业务，但是，如果物料与客户进行了关联，且关联状态设置为冻结，则不能向该客户出售该物料，如图 5-2 所示。

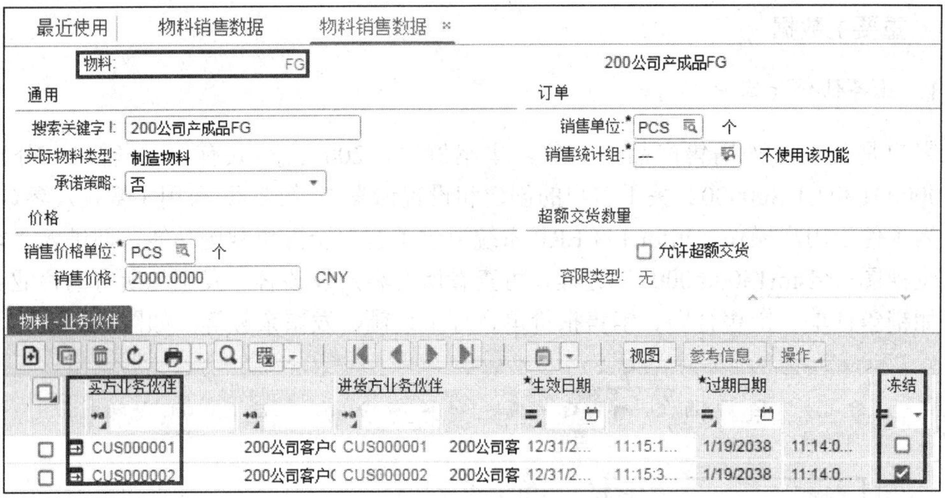

图 5-2　物料销售数据

进入"物料销售业务伙伴数据（tdisa0510m000）"进程，可以查看所有销售物料与客户之间的关联情况。

3. 部门

在 Infor LN ERP 系统中，销售部门是后勤公司中的实体，必须关联至特定的企业单元。如图 5-3 所示，进入"销售部门（tdsls0512m000）"进程可以创建并设置销售部门。本案例中，200 公司有 1 个销售部门，该销售部门关联至企业单元 EU200。

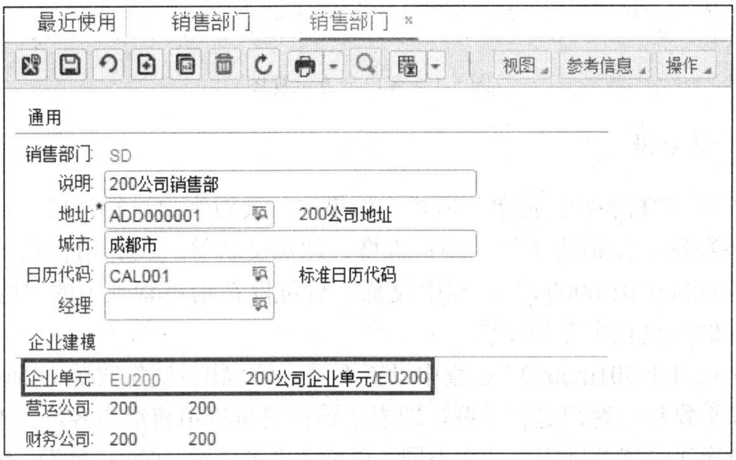

图 5-3　销售部门

4. 用户配置文件

用户配置文件的作用主要是用于提高销售订单录入效率。在“用户配置文件（tdsls0139m000）”进程中可以为用户设置默认数据，如部门、销售订单类型、订单系列号等，当该用户创建销售订单时，系统将自动为销售订单录入这些默认信息。

5. 销售订单类型

在 Infor LN ERP 系统中，销售订单类型、采购订单类型及仓单类型等的作用完全相同，即决定对应订单需要执行的具体活动步骤。一个销售订单从创建、审核到出库、装运再到销售发票等整个流程所需要执行的具体活动步骤由销售订单类型和仓单类型共同决定；同理，一个采购订单从创建、审核到收货、检验、入库再到采购发票等整个流程所需要执行的具体活动步骤有采购订单类型和仓单类型共同决定。因此，销售订单类型和采购订单类型都必须关联特定的仓单类型。

如图 5-4 所示，用户可以根据需要创建多种销售订单类型以适应不同的销售订单处理流程。例如，根据销售订单类型不同，可以设置为常规销售订单、销售退货单、寄存销售订单等；根据销售订单类型的具体活动不同，可以设置为自动执行、人工执行；根据销售订单类型与仓单的组合不同也可以设置不同的销售订单类型。总之，可以根据业务需要设置多种不同的销售订单类型。

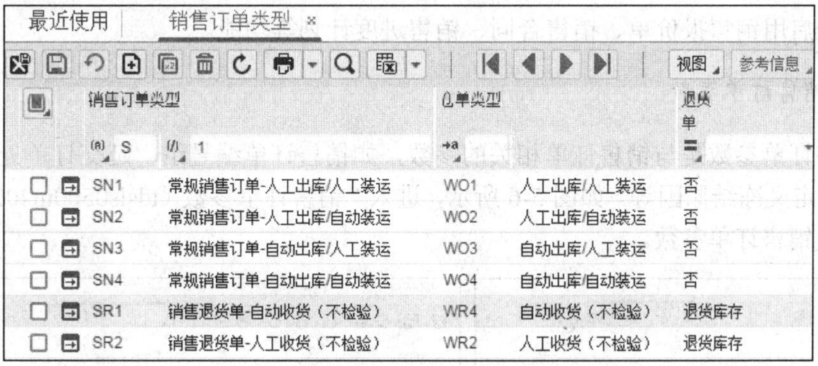

销售订单类型		仓单类型		退货单
SN1	常规销售订单-人工出库/人工装运	WO1	人工出库/人工装运	否
SN2	常规销售订单-人工出库/自动装运	WO2	人工出库/自动装运	否
SN3	常规销售订单-自动出库/人工装运	WO3	自动出库/人工装运	否
SN4	常规销售订单-自动出库/自动装运	WO4	自动出库/自动装运	否
SR1	销售退货单-自动收货（不检验）	WR4	自动收货（不检验）	退货库存
SR2	销售退货单-人工收货（不检验）	WR2	人工收货（不检验）	退货库存

图 5-4 销售订单类型

进入“销售订单类型（tdsls0594m000）”进程可创建并设置销售订单类型。

如图 5-5 所示，在创建并设置销售订单类型时，需要注意：

1）如果创建销售退货单，则必须将退货单字段设置为“是”。

2）销售订单类型必须关联特定的仓单类型。常规销售订单类型关联出库类型的仓单，而销售退货单关联入库类型的仓单（仓单类型的创建和设置请参考“第 9 章 仓储管理”）。

3）系统为每一种销售订单类型设置了多个默认活动，用户可根据需要选择自动执行或者不执行某些活动，不执行的活动可点击删除按钮删除。

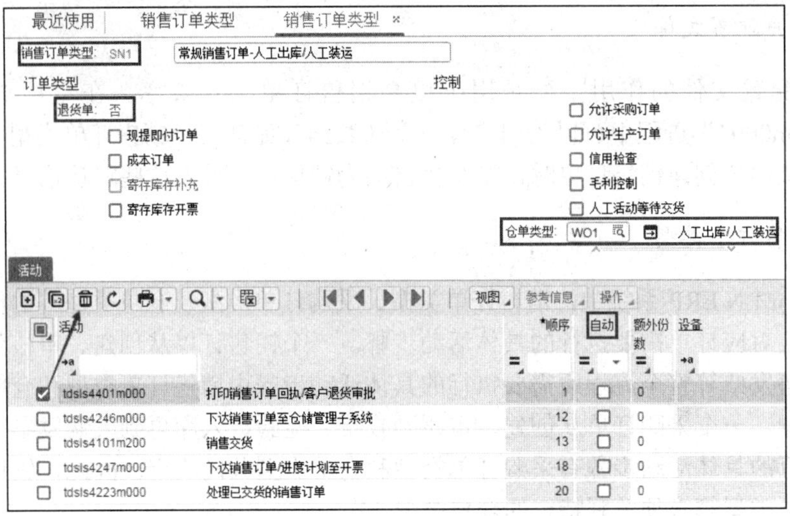

图 5-5　销售订单类型/SN1

5.2.2　重要参数

1. 销售参数

销售参数是与销售管理相关的参数，在"销售参数（tdsls0500m000）"进程中可以设置是否启用销售报价单、销售合同、销售进度计划等功能。

2. 销售订单参数

销售订单参数是与销售订单相关的参数，如销售订单编号组、延交订单处理、信用冻结、预定义冻结原因等。如图 5-6 所示，进入"销售订单参数（tdsls0500m400）"进程，可以设置销售订单参数。

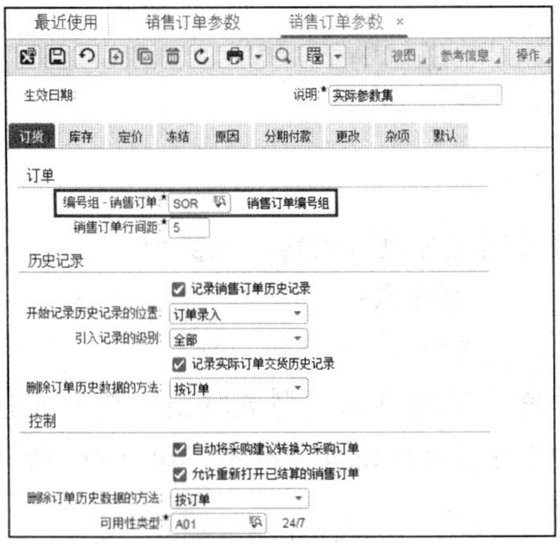

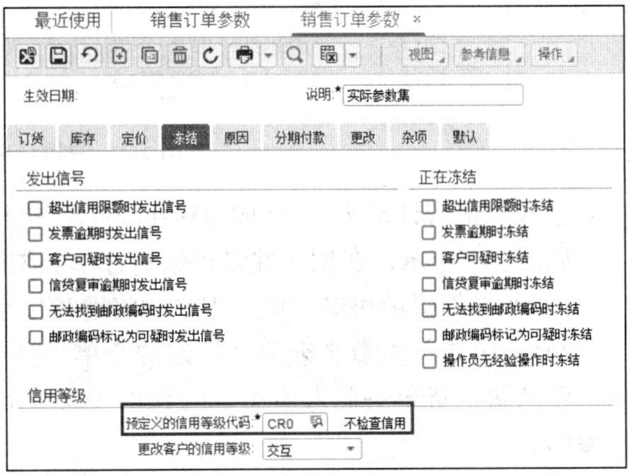

图 5-6　销售订单参数

图 5-6　销售订单参数（续）

如"第 3 章　公用主数据及参数"所述，销售订单编号组为 SOR。此外，本案例中，在销售业务中不对客户进行信用检查等功能，因此，预定义的信用等级代码设置为"CR0 不检查信用"。

5.3　销售订单管理概述

销售订单管理是销售管理中最常用的功能，通过销售订单管理可以执行常规销售业务、销售退货业务、延交销售业务等。

5.3.1　销售订单的来源

在 Infor LN ERP 系统中，销售订单的来源有很多，最常使用的是通过"销售订单（tdsls4100m000）"进程人工创建。此外，还有如"5.1 销售管理概述"中所述，从销售合同的订货方案转化而来、从销售报价单转化而来、从销售进度计划转化而来等。

5.3.2　销售订单的状态

通过销售订单的状态，可以了解销售订单目前所在的处理环节。在 Infor LN ERP 系统中，销售订单常见的状态有以下几种：

1）自由：新建销售订单后的初始状态。

2）已核准：销售订单审核完成之后的状态。

3）处理中：将销售订单下达到仓储管理子系统后的状态。

4）已结算：销售订单已经开完发票，且发票已经过账并执行"处理已交货的销售订单"后的状态。该状态为销售订单的最终状态，表明销售订单已经执行完全部活动。注意：已开发票但是没有过账的销售订单的状态依然是处理中。

5）已修改："已核准"或"处理中"状态下的销售订单发生修改后的状态，如取消或增加销售订单某行、销售订单行中数据发生变化，如数量变化、价格变化、日期变化等。

6）已取消：取消了销售订单或销售订单中所有行后的状态。注意：如果只是取消了销售订单中的某一行或多行（非全部），则状态为自由（核准前）或已修改（核准后）。

5.3.3 常见的销售订单业务

进入"销售订单（tdsls4100m000）"进程可人工创建并设置销售订单。

1. 常规销售订单

（1）创建销售订单

如"附录 Infor LN ERP 系统的基本操作"中所述，在 Infor LN ERP 系统中，系统单据（销售订单、采购订单、仓单、物料清单等）都分为"订单头"和"订单行"两部分。在创建单据时须先创建并设置订单头，然后创建并设置订单行。

1）创建销售订单头。如图 5-7 所示，销售订单头中包括客户信息、销售订单类型、销售部门、订单号、计划交货日期等。

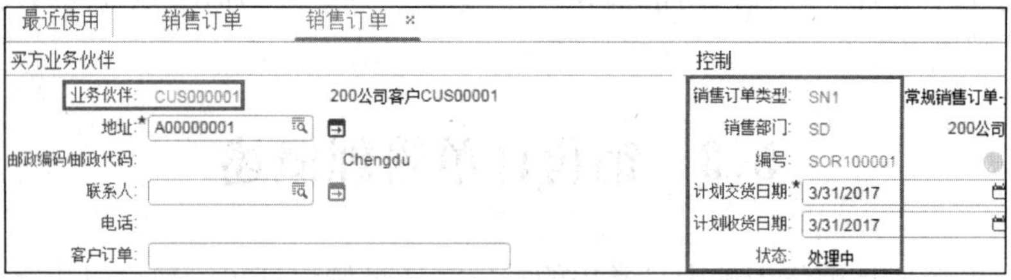

图 5-7　销售订单头

2）创建销售订单行。如图 5-8 所示，销售订单行中主要包括所需销售的物料、销售数量、销售价格等。

图 5-8　销售订单行

说明：请读者记住该销售订单（SOR100001）的详细信息，包括订单号、数量、交货日期等。在"第 6 章 计划管理"和"第 9 章 仓储管理"中将使用该销售订单。

在创建销售订单行时，需要特别注意的是，如果订单中的销售数量大于订货仓库中的"现有库存–分配库存"时（并非该物料在所有仓库中的总和，而是当前订货仓库中的数量），系统会提示出现库存短缺，并提供多种库存短缺处理选项，如图 5-9 所示。下面

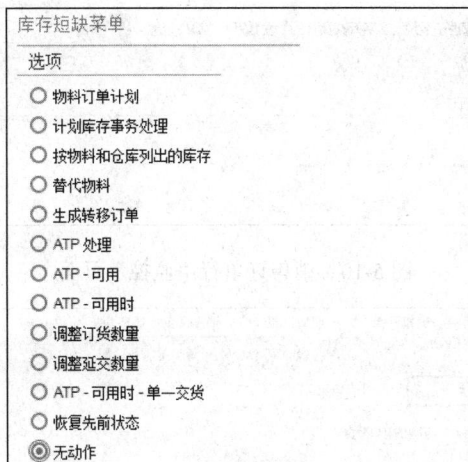

图 5-9 库存短缺菜单

主要介绍其中几项。

① 物料订单计划：短缺需求进入计划模块，运行订单计划。

② 计划库存事务处理：系统自动进入"计划库存事务处理（whinp1500m000）"进程，查看该物料是否有计划收货和计划发料。如果该物料还存在计划收货，可以先提醒仓库部门收货，并根据收货之后的数量确定下一步操作。

③ 按物料和仓库列出的库存：查看其他仓库中是否有该物料，以决定是否从其他仓库中做销售出库。

④ 替代物料：替换成其他物料。需要先在"替代物料（tcibd0505m000）"进程中设置物料之间的替代关系。

⑤ 生成转移订单：检索其他仓库中是否有该物料，如果有，则生成转移订单，转移到当前仓库。

⑥ 调整订货数量：系统自动将销售订单行中的订货数量调整为最大可销售量，即"现有库存-分配库存"。

⑦ 调整延交数量：系统自动在销售订单行详细资料中创建延交数量（关于销售延交业务请参考"5.3 销售订单管理"），延交数量=订货数量-（现有库存-已分配数量）。

⑧ 无动作：不执行以上动作。

一般选择"无动作"，并在审核后执行物料需求计划。

（2）审核销售订单

销售订单创建并设置完成后，单击工具栏中"保存"按钮保存销售订单，然后再单击菜单栏中的"审核"按钮审核销售订单。

审核成功后，在销售订单行"监控"页面中，选择销售订单行并单击订单行菜单栏中的"参考信息→状态"按钮（图 5-10）。进入"销售订单行状态（tdsls4534s000）"进程，根据系统提示按步骤执行销售订单处理活动，如图 5-11 所示。每个活动执行完成后，状态"自由"将变成"已执行"。

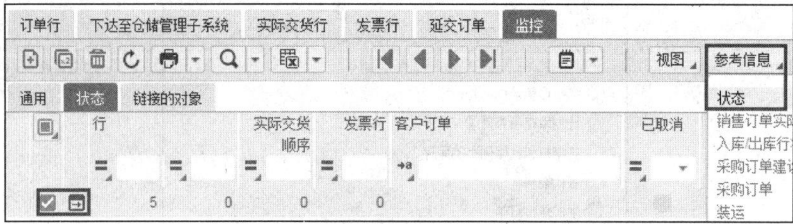

图 5-10 销售订单行"监控"页面

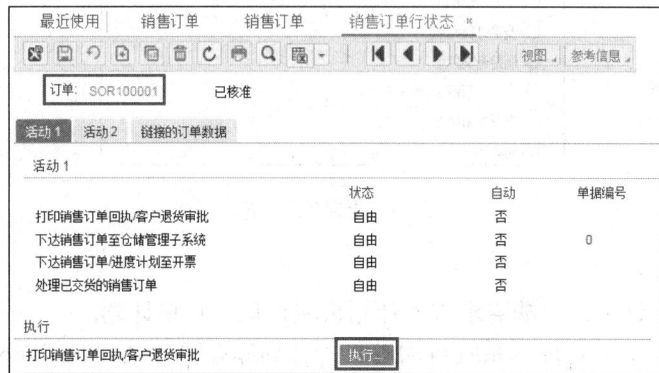

图 5-11 销售订单行状态

（3）打印销售订单回执/客户退货审批

销售订单回执是公司接到客户订单后向客户发出的订单确认回执；客户退货审批是客户退货时的退货审批单。当销售订单类型为常规销售订单时，执行该打印活动，系统将打印销售订单回执；当销售订单类型为退货销售订单时，执行该打印活动，系统将打印客户退货审批。

该活动为非必须活动，可根据需要在创建销售订单类型时将其删除。

（4）下达销售订单至仓储管理子系统

将销售订单下达到仓储管理子系统，等待销售发货等。

本案例中的常规销售订单 SOR100001 的销售发货处理请参考"第 9 章 仓储管理"。

（5）下达销售订单/进度计划至开票

下达销售订单/进度计划至开票即当销售订单发货完成后，将销售订单下达至统一开票子系统为客户开具销售发票。

如图 5-12 所示，进入"开票全方位视图（cisli3600m000）"进程，选择需要开销售发票的销售订单并点击菜单栏中"创建发票"按钮。

说明：实际业务中，销售发票由财务部门负责，但是由于本书不介绍财务部分，因此仅介绍销售发票开票处理。

（6）处理已交货的销售订单

当销售订单发票开票完成，并过账之后，可以最终处理已交货的销售订单。处理已

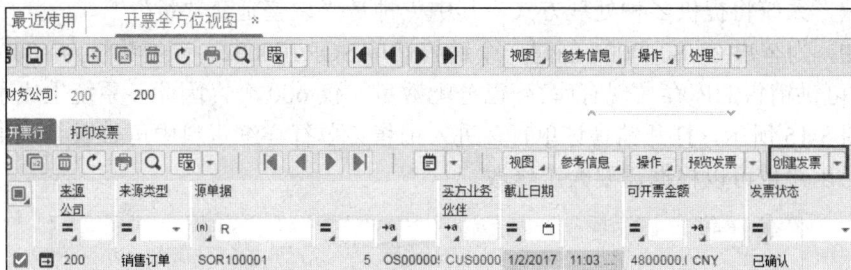

图 5-12　开票全方位视图

交货销售订单时，系统会插入销售订单历史记录，更新销售合同的已开票数量/金额等，同时销售订单状态为"已结算"状态。

2. 退货销售订单

退货销售订单的创建和处理与常规销售订单基本一致，差异主要有以下两方面：

1）销售订单头中的订单类型为销售退货订单类型，因此，退货销售订单在仓储管理中执行收货入库操作。另外，销售订单头中系列号应为退货销售订单系列号。

2）审核退货销售单之前必须为退货销售单输入退货原因。

如图 5-13 所示，单击菜单栏中"参考信息→销售订单明细"按钮进入销售订单详细资料中输入退货原因，如图 5-14 所示。

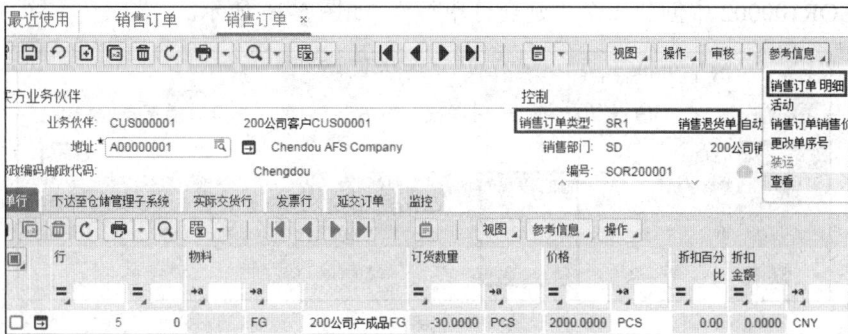

图 5-13　退货销售订单

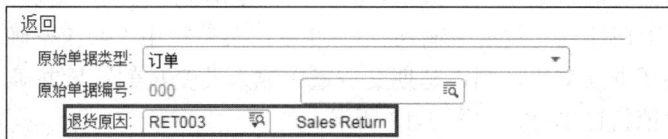

图 5-14　销售退货原因

3. 延交销售订单

如本章"5.3 销售订单管理概述"中所述，当创建销售订单时，如果销售物料出现库存短缺，系统将提供多种处理方式，其中一种是"调整延交数量"。

例如，为客户 CUS000001 创建一个销售订单 SOR100002，订货数量为 1000，但是，FG 当前可供销售的库存（现有库存-已分配数量）仅 600 个，因此，系统生成了延交数量。如图 5-15 所示，打开销售订单行，进入销售订单行详细资料中可查看系统生成的延交数量，用户也可以根据需要人工修改。

图 5-15　延交数量

销售订单 SOR100002 创建完成后，按照常规销售订单业务流程执行审核、下达至仓储子系统、仓库发货等即可。当正常交货的 600 个产成品 FG 装运之后，系统会在原销售订单 SOR100002 中创建一个"延交订单行"，如图 5-16 所示。

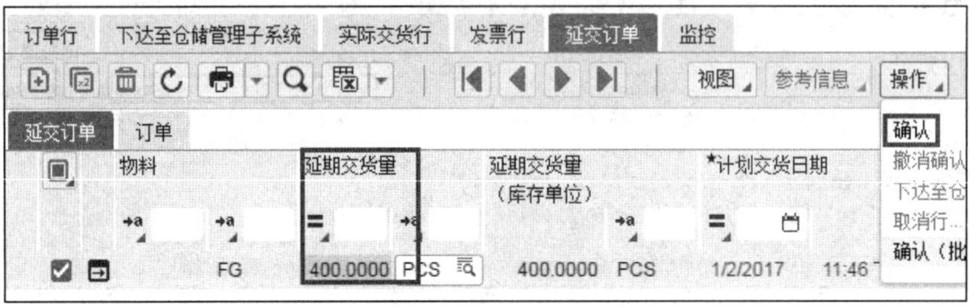

图 5-16　延交订单行

用户可根据需要确认延期交货数量，例如，经过和客户协商，剩余 400 个产成品 FG 不再继续交货，则在延期交货量中输入"0"并单击菜单栏中"操作→确认"按钮确认即可。同理，如果要继续交货，则在延期交货量中输入要交货的数量并确认。确认之后，系统将产生新的销售订单行，如图 5-17 所示。

延交销售订单相当于把一个销售订单行拆分成多个销售订单行执行，因此，可以根据销售订单行实际交货数量分别开具销售发票。例如，先开具一个 600 个 FG 的销售发票，再开具一个 400 个 FG 的销售发票，而不需要整个销售订单 SOR100002 全部处理完成之后再开销售发票。

图 5-17 销售订单行

此外，在"销售订单参数（tdsls0500m400）"进程中，可以设置是否将延交销售订单自动确认或自动下达到仓储管理子系统（图 5-18）。由于新销售订单行的销售数量并不总是等于延期交货量，因此，建议采用人工确认的方式，根据实际情况确认延交数量。

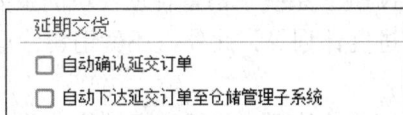

图 5-18 销售订单参数中延期交货设置

5.4 销售管理常用的进程

表 5-1 总结了销售管理中常用的各种进程，可方便读者进行操作。其中，销售订单创建完成后，在处理销售订单过程中可以从多个进程中（如表 5-1 中 6～10 等）查看该销售订单或销售订单行的执行情况。

表 5-1 销售管理常用的进程

序号	进程代码	进程名称	进程作用
1	tdsmi1500m000	客户全方位视图	新建客户并查看所有客户及客户的详细业务数据，如信用、销量、所有的销售订单、合同、报价单、开票信息、应收账款等
2	tdisa0501m000	物料销售数据	物料销售相关数据
3	tdisa0510m000	物料销售业务伙伴数据	设置并查看所有物料与客户之间的关联情况
4	tdpcg0111m000	价目表	设置并查看销售物料的价格
5	tdsls0594m000	销售订单类型	新建并查看销售订单的类型
6	tdsls4100m000	销售订单	新建销售订单
7	tdsls4510m000	销售订单行监控	用户可以通过此进程查看和跟踪已下达至仓储管理子系统或开票子系统的销售订单的状态
8	tdsls4601m200	订单引入工作台	查看所有的销售订单、销售订单行、延交订单等，并按照销售部门、销售物料、状态等进行筛选和更改
9	tdsls4601m100	订单履行工作台	显示销售订单距离计划交货日期的天数，并可以按照"今天到期""7 天后到期"等提醒用户及时处理
10	tdsls4510m200	订单行交货概览	与"订单引入工作台"类似，查看销售订单行的当前交货状态

续表

序号	进程代码	进程名称	进程作用
11	tdsls4650m000	销售订单历史记录	查看所有销售订单，包括人工创建的，报价单、合同转化的销售订单的历史处理记录。在操作菜单中还可以选择历史记录的查看模式，如查看每个订单的最后一次事务处理或者查看所有事务处理。此外，也可以选择查看某销售订单中销售订单行的历史记录
12	tdsls0500m000	销售参数	销售管理相关的参数设置
13	tdsls0500m400	销售订单参数	销售订单相关的参数设置

本 章 小 结

本章概要介绍了 Infor LN ERP 系统中销售管理模块的主要功能，包括销售报价单、销售订单、销售合同、销售进度计划等。此外，还就销售管理中重要的主数据和参数进行了介绍。

本章的重点内容是销售订单的处理，包括常规销售订单、退货销售订单、延交销售订单等。其中，退货销售订单和延交销售订单与常规销售订单的基本运行逻辑是一致的，只存在个别差异，因此，本章创建了常规销售订单 SOR10001，并详细介绍了其处理过程，其中，关于常规销售订单 SOR100001 的仓储发货装运等业务请参考"第 9 章 仓储管理"。

第6章 计划管理

↘ 本章内容

第 5 章重点介绍了销售订单的创建及处理，而如何将销售订单的需求转化为采购和生产可执行的具体活动，则需要使用计划管理功能。计划管理，即根据物料清单、工艺流程、现有库存、提前期等数据将销售需要转化为采购订单和生产订单。因此，本章内容安排如下：

首先，简要概述介绍计划管理相关的各功能模块，使读者对 Infor LN ERP 系统的计划管理有相对全面的认识。

接着，介绍如何设置计划管理相关的重要主数据和参数，这些主数据和参数是运行物料订单计划所必需的。

然后，重点介绍物料订单计划，包括生成物料订单计划、确认物料订单计划并最终将物料订单计划转换为正式的采购订单和生产订单。

最后，对计划管理相关的常用进程进行总结，以便读者操作。

6.1 计划管理概述

在 Infor LN ERP 系统中，计划管理主要用于物料和资源的计划编制，包括计划方案的配置、物料供应源分配策略的制定、物料主计划和需求计划的编制、资源主计划和需求计划的编制等。在实际业务中，物料订单计划是最常用的计划编制方式，因此，本章将主要介绍物料订单计划的编制，包括物料订单计划的运行原理及生成、确认、转换物料订单计划。

6.1.1 计划方案

计划方案是计划运行的场景或参数，包括计划的起止时间、滚动频率、期段等。关于计划方案请参考"6.2 重要主数据和参数"。

6.1.2 供应源分配策略

供应源是指物料供应的来源。在 Infor LN ERP 系统中，物料的供应源主要有 3 种，包括生产（工作中心或分包商）、采购（供应商）、分销（内部业务伙伴之间调拨）。其中，由于同一物料可能有多个供应商，因此，还可以在多个供应商之间设置供应比例。

供应源分配策略就是确定物料在 3 种供应源之间的数量分配比例。进入"供应源分配策略（cprpd7110m000）"进程可以设置物料的供应源分配策略，如图 6-1 所示。

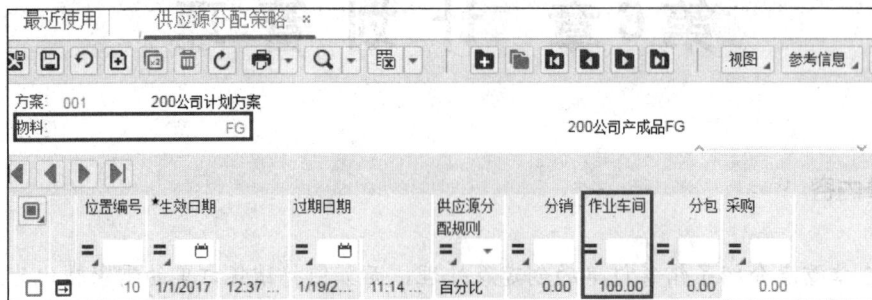

图 6-1　供应源分配策略

供应源分配策略的设置并不是必需的，即如果不需要在多个供应源之间设置分配关系（见图 6-1，FG 作业车间供应比例为 100%），则可以保持物料通用数据中默认供应源即可，不需要到此进程中设置，如图 6-2 所示。

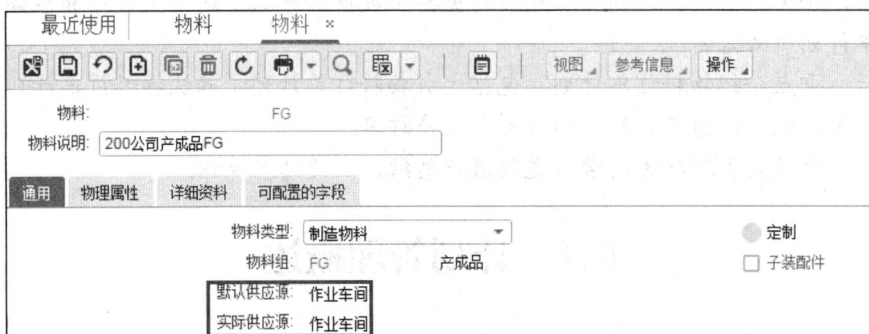

图 6-2　物料

6.1.3　物料计划

在 Infor LN ERP 系统中有两种物料计划编制方式，即物料主计划和物料订单计划。只有在物料订货数据中将物料订货系统设置为"计划订货系统"，才可以运行物料计划。

1. 物料主计划

物料主计划相当于传统的主生产计划（Master Production Schedule，MPS），因此，一般情况下，只有关键的独立需求件才需要维护主计划，如最终产品等。如果物料需要维护物料主计划，则必须在物料计划数据中选择"维护主计划"。

通过运行物料主计划，可以根据最终产品的销售订单、客户需求预测、当前的供应计划等，计算出最终产品在计划方案时间内的各期段上的库存计划等。

进入"生成主计划（cprmp1202m000）"进程可生成物料主计划，并在"物料主计划

（cprmp2101m000）"进程中查看。

说明：关于物料主计划的运行原理和运行方法将在今后的系列教材中详细介绍。

2．物料订单计划

物料订单计划相当于传统的 MRP。通过运行物料订单计划，可以根据产成品需求数量、BOM 及提前期等，计算出所需要的半成品制造件及采购件的数量、需求日期等，并生成采购计划订单和生产计划订单。最终，采购/生产计划订单可转换成正式的采购订单和生产订单。

6.1.4　资源计划

资源是一组机器或者员工，与工作中心相对应。生产物料时所执行的每道工序都需要从资源获取特定数量的能力（如生产工时），因此，资源计划属于能力计划的范畴，即按照计划期段对工作中心的生产能力进行计划编制。

6.2　重要主数据和参数

6.2.1　重要主数据

1．物料订货数据和物料计划数据

如"第 4 章　物料和物料清单"所述，只有在物料订货数据中将物料订货系统设置为"计划订货系统"，才可以设置物料计划数据并运行物料计划。关于物料订货数据和物料计划数据的设置请参考"第 4 章　物料和物料清单"。

2．计划方案

（1）计划方案的概念

计划方案是计划运行的场景或参数，包括计划的起止时间、滚动频率、期段等。在 Infor LN ERP 系统中可以创建多个计划方案，来进行不同情况下计划的模拟、比较和分析，但最终实际运行的只有一个方案，即在"转换订单计划（cppat1210m000）"进程中，只能将实际方案下生成的计划订单转换成正式的采购订单或生产订单。实际方案可在"计划参数（cprpd0100m000）"进程中设置。

（2）创建计划方案

进入"方案（cprpd4100m000）"进程中可新建并设置计划方案。

1）新建计划方案。如图 6-3 所示，方案的起止日期即计划的跨度。计划方案的状态包括"未结"和"已结"两种，已结的计划方案不能再初始化、滚动更新，也不能用作实际方案。

图 6-3 计划方案

另外，可以将计划方案设置为滚动方案。如果选择滚动方案，则计划方案将按照滚动频率定期向前滚动，方案滚动的时间与参考日期和滚动频率有关：

① 参考日期：确定滚动方案向前滚动的时间。当"当前日期≥参考日期+滚动频率"时，方案向前滚动。例如，目前，参考日期为 1 月 4 日，滚动频率为 15 天，则当"当前日期"为 1 月 19 日时，方案向前滚动，新的参考日期为 1 月 15 日。

② 滚动频率：即方案向前滚动的周期。

说明：方案的起止日期和参考日期都不是固定不变的，而是根据滚动频率不停向前滚动的。

2）设置计划期段。一般情况下，滚动方案的设置随着时间由近及远，计划编制的详细程度由细到粗。因此，期段的设置将方案的起始日期和方案结束日期中间的时间划分为若干段，其中，"期段类型"包括日、周、月三种，"期段数"为期段的数量。

如图 6-4 所示，计划长度共 6 个月，包括 30 天+8 周+3 个月。在运行物料主计划时，计划方案 001 起始日期到 30 天内，会按照每天编制计划；然后按照每周编制计划，共编制 8 周；最后按照每月编制计划，共编制 3 个月。

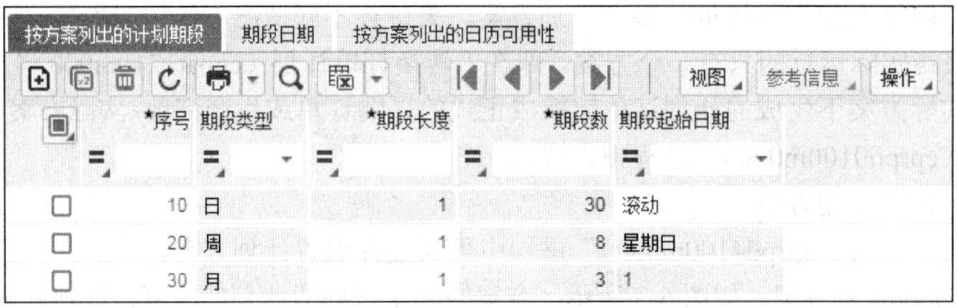

图 6-4 计划的期段

在图 6-4 "按方案列出的日历可用性"页面中，可以添加方案使用的日历，并在初始化方案后，在"期段日期"页面中可以查看到方案的期段，如图6-5所示。

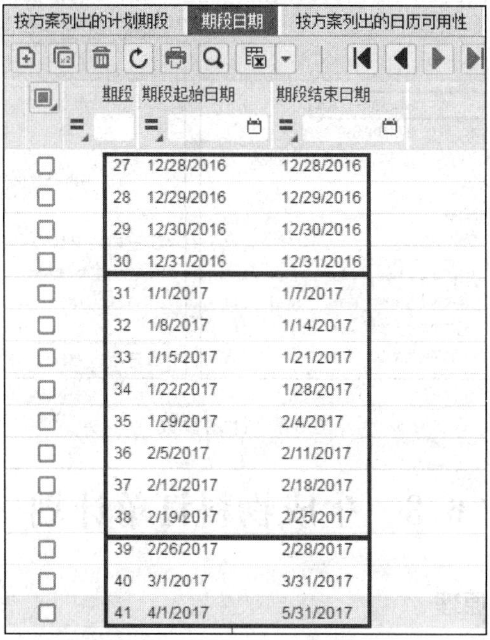

图6-5 期段日期

如图6-5所示，共计41（30+8+3）个期段，并分别按照天、周、月依次列出期段。

需要注意的是，某一期段的天数并不一定等于自然周/月的天数。例如，图6-5中期段"39"和期段"41"。

① 期段39的类型为月，但是其实际天数只有3天。原因是图6-4中，期段类型"月"的起始日期为1号，因此，为保证期段40的起始日期为1号，所有期段39只有3天。

② 期段41的类型为月，但是其实际天数为61天（4月+5月），因为期段的最后一天须与方案结束日期一致。

3）初始化、滚动和更新计划方案。请注意，当新方案创建完成或运行中的方案发生更改，必须单击菜单栏中"初始化、滚动和更新方案"按钮（图6-6）初始化、滚动或更新计划方案。

图6-6 初始化、滚动和更新方案

6.2.2 计划参数

进入"计划参数（cprpd0100m000）"进程可设置计划参数。如图6-7所示，在计划参数中可以指定实际计划方案。另外，可以选择是否启用主计划或者订单计划。

图 6-7　计划参数

6.3　生成物料订单计划

6.3.1　物料订单计划的原理

如图 6-8 所示，在"第 5 章　销售管理"讲到，当销售物料短缺时，处理的方式有很多种，如产生延交销售订单、替代物料、转移订单等，物料订单计划是其中一种。

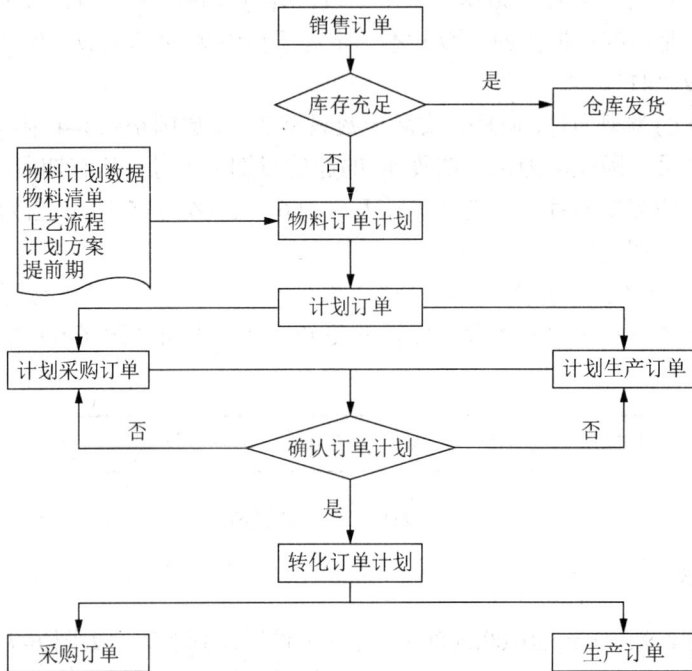

图 6-8　物料订单计划运行原理

当选择运行物料订单计划时，系统根据销售订单的需求数量、物料计划数据、BOM、工艺流程、计划方案及提前期等主数据和参数，生成计划订单。计划订单包括计划采购订单和计划生产订单两种，在计划订单中包括计划需求数量、计划需求日期、计划起始日期等信息。最终，计划采购/生产订单在确认之后，可转化成正式的采购订单和生产订单。

6.3.2 生成订单计划

如图 6-9 所示，进入"生成订单计划（cprrp1210m000）"进程，可生成订单计划。

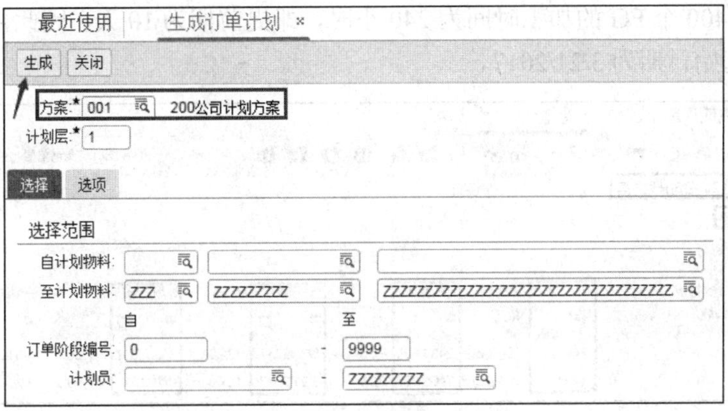

图 6-9 生成订单计划

6.3.3 查看计划订单

"计划订单"是生成物料订单计划的结果，即通过运行"生成物料订单计划"进程，将产生两种计划订单，即计划生产订单和计划采购订单。

进入"计划订单（cprrp1100m000）"进程可查看到两种计划订单，如图 6-10 和图 6-11 所示。单击工具栏中的"上一个视图"或"下一个视图"按钮可在计划生产订单和计划采购订单中切换。

1. 计划订单的来源和状态

（1）计划订单的来源

计划订单的来源主要是通过运行"生成订单计划（cprrp1210m000）"进程产生，此外，也可以在"计划订单（cprrp1100m000）"进程中人工创建计划订单。

（2）计划订单的状态

计划订单的状态包括 3 种：已计划、确定计划和已确认。其中，在运行"生成订单计划（cprrp1210m000）"进程时，系统会自动删除已计划状态的计划订单，并根据新的需求重新生成，而对于确定计划状态的计划订单，可以在"生成订单计划（cprrp1210m000）"进程的"选项"页面中选择是否删除重新生成。

2. 计划订单的原理

在计划订单中，订货数量、计划需求日期和计划起始日期需要重点关注。

（1）计划生产订单原理

根据"第 5 章 销售管理"中所述，销售订单 SOR100001 中 FG 的销售数量为 2400，计划交货日期为 3/31/2017。因此，在如图 6-10 所示的计划生产订单中，FG 的订货数量为 2400，计划需求日期为销售订单的计划交货日期 3/31/2017。此外，根据"第 4 章 物料和物料清单"所述，FG 是经过焊接 1 道工序加工而成，加工效率为 6 分钟/个，因此，可以计算出 2400 个 FG 的加工时间为 240 小时，即提前期为 10 天，因此，FG 计划生产订单的计划起始日期为 3/21/2017。

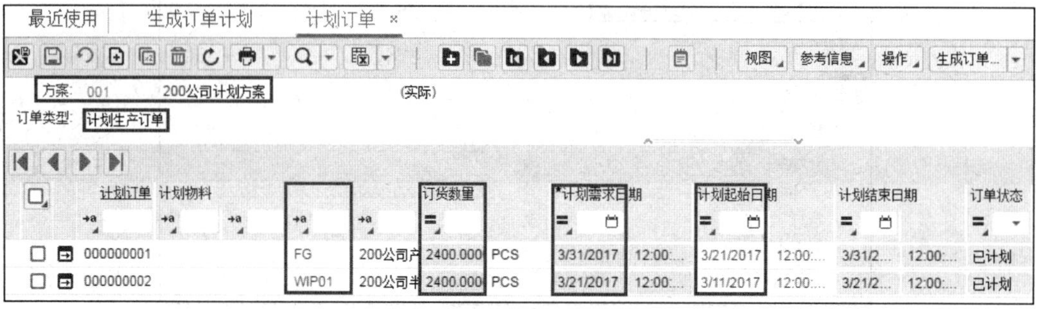

图 6-10　FG 和 WIP01 计划生产订单

同理，根据 BOM 结构中的数量关系，WIP01 的订货数量也应该为 2400 个，计划需求日期为 FG 的计划生产订单中的计划起始日期 3/21/2017。此外，根据"第 4 章 物料和物料清单"所述，WIP01 经过剪切、冲压、焊接等 3 道工序加工而成，加工效率均为 6 分钟/个，因此，可以计算出 2400 个 WIP01 加工时间为 240 小时，即提前期为 10 天，因此，WIP01 计划生产订单的计划起始日期为 3/11/2017。

（2）计划采购订单原理

计划采购订单的订货数量、计划需求日期、计划起始日期的计算原理与计划生产订单一致。

因此，在图 6-11 所示的计划采购订单中，RAW01、RAW02、RAW03 的订货数量分别为 24 000（2400×10）、48 000（2400×20）和 72 000（2400×30）。不过，计划采购订单的计划需求日期和计划起始日期是根据采购物料的采购提前期计算（关于 RAW01、RAW02、RAW03 采购提前期的设置请参考"第 7 章 采购订单"）。本案例中，RAW01、RAW02、RAW03 的采购提前期均为 30 天，因此，RAW01、RAW02、RAW03 的计划需求日期分别为 3/11/2017、3/11/2017、3/21/2017，计划起始日期分别为 2/9/2017、2/9/2017、2/19/2017。

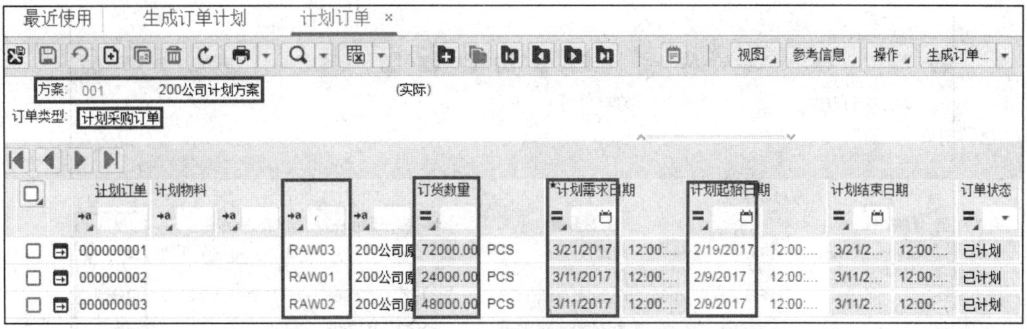

图 6-11　RAW01、RAW02、RAW03 计划采购订单

6.4　确认订单计划

如图 6-12 所示，进入"确认订单计划（cprrp1200m000）"进程可以将计划订单的状态由已计划状态变为已确认状态，如图 6-13 所示。已确认之后的计划订单可最终转化成采购订单和生产订单。

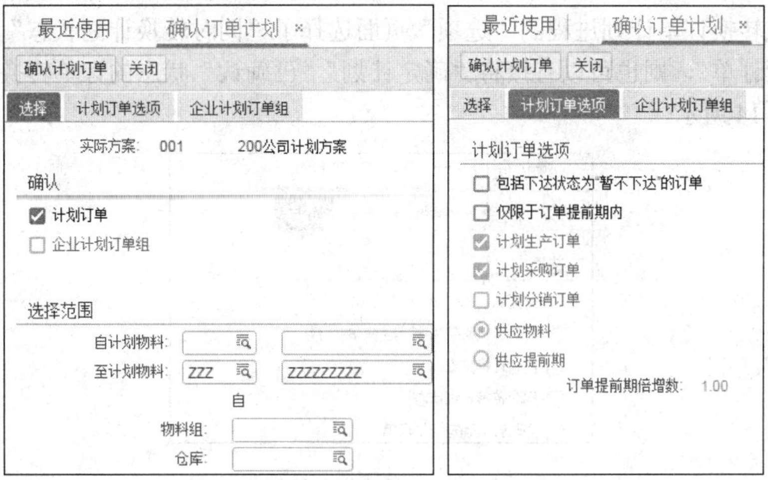

图 6-12　确认订单计划

在确认订单计划时，如果选择"仅限于订单提前期内"，则表示只有在（计划起始日期-当前日期）≤（订单提前期×订单提前期倍增数）时，才能确认该计划订单，即避免某些需求时间在未来很久，而提前期又比较短的物料的计划订单被确认。

例如，提前期为 30 天，计划起始日期为 6 月 30 日，订单提前期倍增数为 1，则表示在 5 月 31 日之后才可以确认订单计划，并在 6 月 30 日开始执行采购订单，在 7 月 30 日收到货物。如果将提前期倍增数设置为 0，则意味着仅当当前日期大于计划起始日期的订单才会确认。

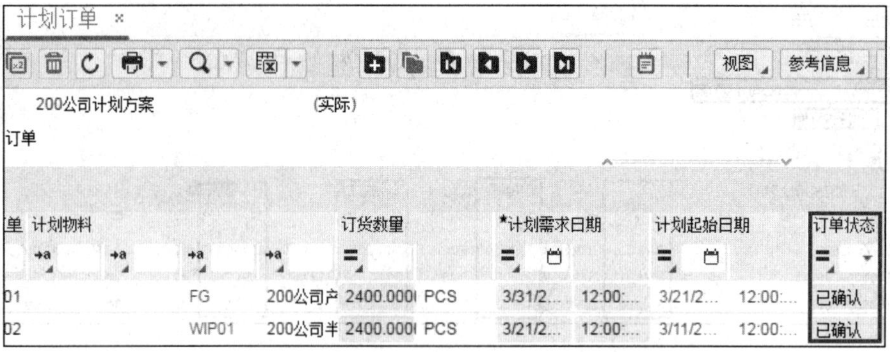

图 6-13　计划订单

6.5　转换订单计划

进入"转换计划订单（cppat1210m000）"进程可以将计划层生成的计划采购订单和计划生产订单转换成执行层可执行的采购订单和生产订单。

一般情况下，只有"已确认"状态的计划订单才能转换成生产订单或采购订单，但是，如果在转换订单计划进程的"选项"页面选择了"同时转换计划状态"或"同时转换确定计划订单"，则也可以直接将"确定计划""已确认"状态的订单转换成相应的订单，如图 6-14 所示。

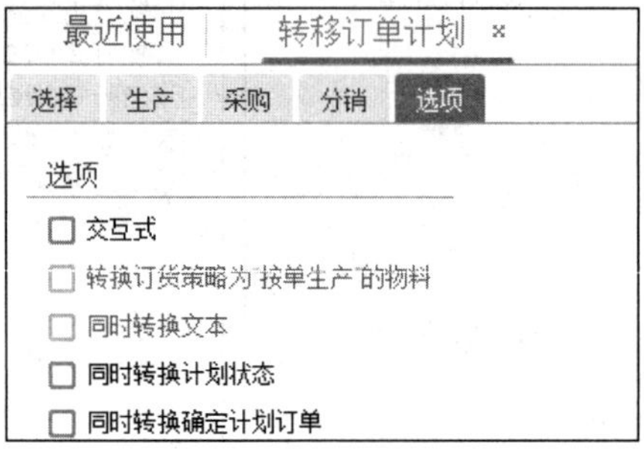

图 6-14　转换订单计划

6.5.1　计划生产订单转换成生产订单

计划生产订单的转换相对简单，进入"转换计划订单（cppat1210m000）"进程的"选择"页面中选中"车间作业"，即将计划生产订单转换成生产订单进行车间作业。此外，还可以根据需要进行自定义设置，例如，选择要转换的物料、计划员、计划的起始日期等。

在转换订单计划进程中的"生产"页面中可以选择需要转换的计划生产订单，并定义生产订单的系列号等（图 6-15）。

图 6-15　计划生产订单转换成生产订单

6.5.2　计划采购订单转换成采购订单

计划采购订单转换成采购订单的方法和计划生产订单转换成生产订单的方法类似，如图 6-16 所示。

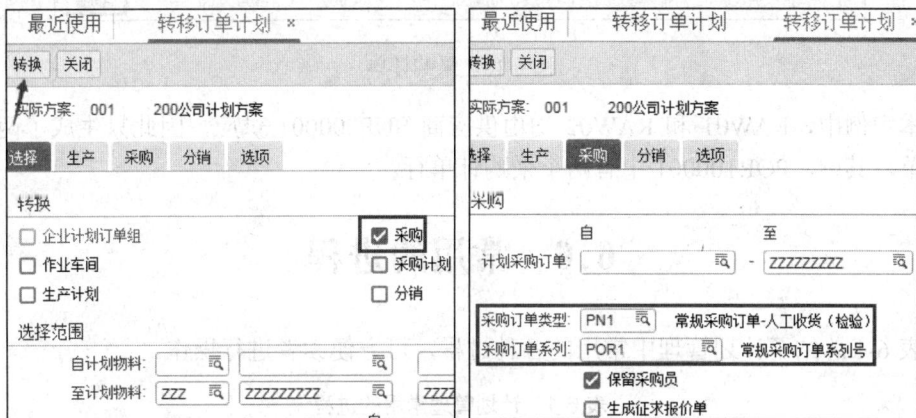

图 6-16　计划采购订单转换成采购订单

但是，在计划采购订单的转换中，需要特别注意的是，在转换之前，必须提前设置物料的卖方业务伙伴，否则不能转换成功，系统将提示"错误：无法生成采购订单。在"物料–采购"数据中找不到物料 X 的卖方业务伙伴"。

关于采购物料卖方业务伙伴的设置方法有多种：

1）直接在"计划订单（cprrp1600m000）"进程中双击订单行进入计划采购订单详细资料中，为本次的计划采购订单添加供应商，该方法仅对本次的计划采购订单有效。

2）在"物料（tcibd0501m000）"进程中的物料采购数据中添加卖方业务伙伴。

3）如果物料在物料采购数据中使用了"仅从已核准的供应商采购"功能，则物料的卖方业务伙伴必须是在"物料采购业务伙伴信息（tdipu0110m000）"进程中已核准的供应商。

转换成功后，可在"生产订单（tisfc0501m000）"和"采购订单（tdpur4100m000）"进程中查看到对应的订单，如图 6-17 和图 6-18 所示。

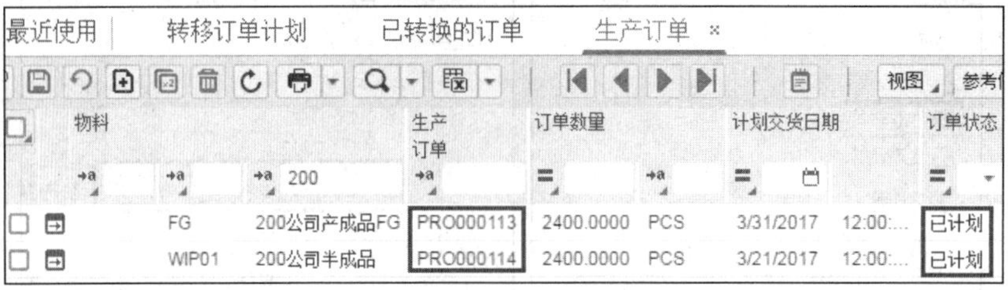

图 6-17　生产订单

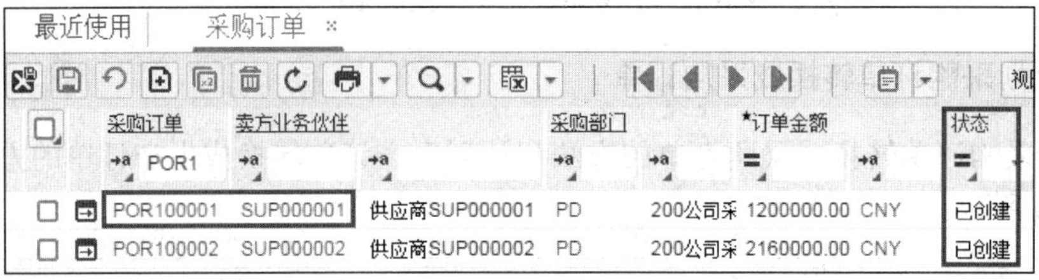

图 6-18　采购订单

本案例中，RAW01 和 RAW02 均由供应商 SUP000001 供应，因此只生成了两个采购订单，其中，POR100001 中有两个采购订单行。

6.6　常用的进程

表 6-1 总结了计划管理中常用的各种进程，可方便读者进行操作。

表 6-1　计划管理常用的进程

序号	进程代码	进程名称	进程作用
1	cprpd1100m000	物料计划数据	设置物料计划相关的业务属性，包括供应源、时界、订单计划跨度、计划跨度、订单提前期、主计划等
2	cprpd4100m000	方案	创建和更新、滚动计划方案
3	cprrp1210m000	生成订单计划	生成订单计划
4	cprrp1100m000	计划订单	查看（及修改）计划生产订单和计划采购订单
5	cprrp1200m000	确认订单计划	确认计划订单是否可行
6	cppat1210m000	转换订单计划	将计划层生成的计划采购订单和计划生产订单转换成执行层可执行的采购订单和生产订单
7	cprrp0520m000	物料订单计划	查看特定物料的物料订单计划，包括供应计划、需求计划、计划可用库存等

本 章 小 结

    本章概要介绍了 Infor LN ERP 系统中计划管理模块的主要功能，包括计划方案、物料订单计划、物料主计划、资源计划等功能。此外，还对计划管理中重要的主数据和参数进行了介绍。

    本章的重点内容是物料订单计划的运行原理及操作流程和方法，通过运行物料订单计划生成计划订单，并最终将计划订单转换成执行层可执行的采购订单和生产订单。此外，本章还以第 5 章中的销售订单 SOR10001 为例执行物料订单计划，并最终生成 2 个采购订单（POR100001、POR100002）和 2 个生产订单（PRO000113、PRO000114）。

第7章 采购订单

本章内容

第 6 章通过运行物料订单计划生成了 2 个采购订单（POR100001、POR100002），因此，本章主要介绍采购管理相关功能。在 Infor LN ERP 系统中，与采购管理相关的功能模块有很多，如请购单、采购报价单、采购订单、采购合同、采购进度计划等，其中最常应用的是采购订单功能。因此，本章内容安排如下：

首先，简要概述介绍采购管理相关的各功能模块，使读者对 Infor LN ERP 系统的采购管理有相对全面的认识。

接着，介绍如何设置采购管理相关的重要主数据和参数，这些主数据和参数是运行采购订单业务所必需的。

然后，介绍采购订单业务，如常规采购业务、采购退货业务、延交采购业务及因检验活动而产生的损坏和处理等。

最后，对采购管理相关的常用进程进行总结，以便读者操作。

7.1　采购管理概述

无论是在主数据和参数设置方面，还是业务功能方面，采购管理与销售管理有很多相似之处，如采购订单类型、部门、用户配置文件、合同、进度计划等。因此，读者可参考销售管理部分理解采购管理对应的主数据和参数设置及业务功能，相似内容本章将不做详细介绍。

在 Infor LN ERP 系统的采购管理中，主要涉及采购请购单管理、征求报价单管理、采购订单管理、采购合同管理、采购进度计划管理等。其中，征求报价单、合同、进度计划等功能作用与设置方式与销售管理中对应功能相似，本章不再做详细介绍。如果读者需要使用上述功能，可先在"采购参数（tdpur0100m000）"进程中启用对应功能，并设置对应功能的参数，然后进入对应进程中使用。

1）征求报价单："征求报价单参数（tdpur0100m100）""征求报价单（tdpur8310m000）"。

2）采购合同："采购合同参数（tdpur0100m300）""采购合同（tdpur8330m000）"。

3）采购进度计划："采购进度计划参数（tdpur0100m500）""采购进度计划（tdpur3610m100）"。

采购请购单也是采购订单的来源之一。在实际业务中，采购部门通过运行物料订单计划或人工创建的方式创建采购订单，而如果公司规定其他业务部门不能直接创建采购订单（没有相关权限），则可以通过请购单的形式实现采购需求。

可以将请购单理解为一个采购申请的办公自动化（Office Automation，OA）流程。进入"请购单（tdpur2501m000）"进程可创建并设置请购单，创建完成后提交审核人审核，审核成功后可将请购单转换成采购订单。审核人和审核流程设置在"审核人（tdpur2505m000）"进程进行设置。

7.2 重要主数据和参数

7.2.1 重要主数据

1. 物料采购数据

如"第 4 章 物料和物料清单"所述，如果要向供应商采购物料，则必须为物料设置物料采购数据，如采购单位、采购价格、交货容限等。物料采购数据的设置即可以在"物料（tcibd0501m000）"进程中设置，也可以在采购管理中的"物料采购数据（tdipu0101m000）"进程中专门设置。

与"物料（tcibd0501m000）"进程的设置不同，在"物料采购数据（tdipu0101m000）"进程中还可以将物料与供应商进行关联，即表示该物料可以从该供应商处采购。

值得注意的是，如果在"物料（tcibd0501m000）"进程中设置了物料使用"仅从已核准的供应商采购"功能，如图 7-1 所示，则必须为物料关联供应商，且该物料只能从已核准的供应商外采购。

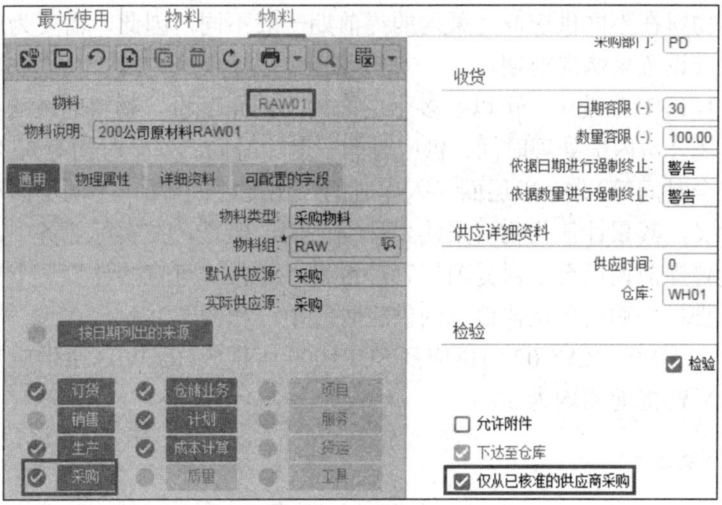

图 7-1 物料采购数据

如图 7-2 所示，进入"物料采购数据（tdipu0101m000）"进程可设置物料与供应商的关联。如果物料和供应商关联，且状态为冻结，则表示该物料不能从该供应商处采购。

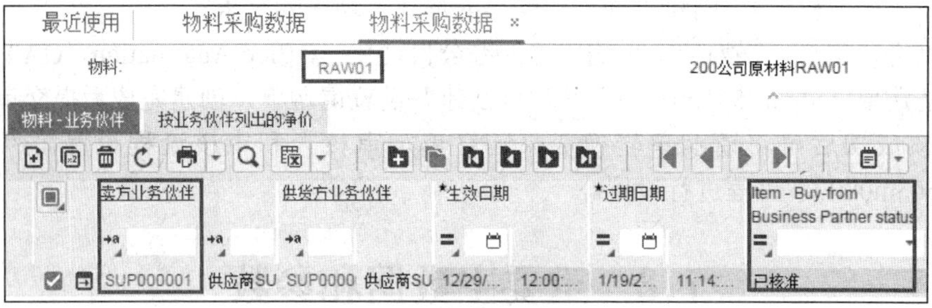

图 7-2　物料采购数据

进入"物料采购业务伙伴信息（tdipu0110m000）"或"已核准供应商清单（tdipu0110 m200）"进程，可以查看物料的所有关联的供应商信息。

关于"物料（tdipu0101m000）"进程"仅从已核准的供应商采购"和"物料采购业务伙伴信息"中供应商与物料关联的状态之间的关系如表 7-1 所示。

表 7-1　供应商与物料关联的状态之间的关系

对应信息	对应状态					
仅从已核准的供应商采购	选中	选中	选中	清除	清除	清除
物料采购业务伙伴信息	否	存在且已核准	存在未核准	否	存在且已核准	存在且冻结
是否可从该供应商购买物料	否	是	否	是	是	否

在"物料采购业务伙伴信息（tdisa0510m000）"进程中，还有一个比较重要的设置，即采购物料的提前期。

由于同一物料在不同供应商处采购的提前期一般不同，因此，需要为所有物料与供应商的关联组合设置采购提前期。

在 Infor LN ERP 系统中，可以在多个层面的不同角度设置物料的采购提前期，包括业务伙伴层面（公司内部处理时间、供应时间、运输时间、安全时间等）、物料层面（额外提前期、安全时间等）、仓库层面（入库时间、出库时间等），不同层面和角度的设置代表不同的含义，其累计值为物料采购累计提前期。但是，在实际业务中，往往不需要所有地方都设置提前期以至于对提前期管理过细。通常，可直接计算一个累计提前期，并将其设置在物料采购业务伙伴信息的供应时间中，如图 7-3 所示。

本案例中，RAW01、RAW02 由供应商 SUP100001 供应，RAW03 由供应商 SUP100002 供应，其累计采购提前期均为 30 天。

2. 采购订单类型

采购订单类型的作用与销售订单类型一致，但是与销售订单类型相反的是，采购订单类型关联的仓单为入库类型仓单，而销售订单类型关联的仓单为出库类型仓单（图 7-4）。

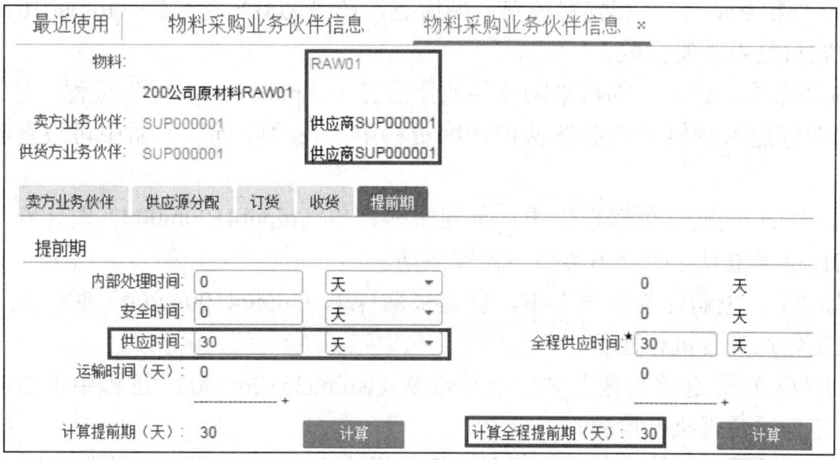

图 7-3 采购物料提前期

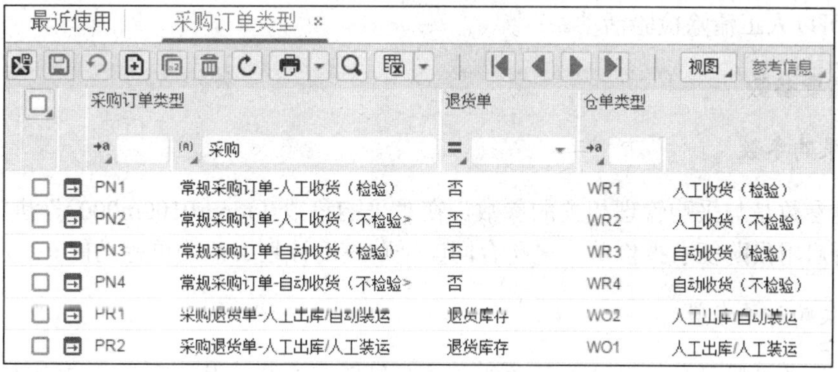
最近使用　采购订单类型

采购订单类型		退货单	仓单类型	
	采购			
PN1	常规采购订单-人工收货（检验）	否	WR1	人工收货（检验）
PN2	常规采购订单-人工收货（不检验>	否	WR2	人工收货（不检验）
PN3	常规采购订单-自动收货（检验）	否	WR3	自动收货（检验）
PN4	常规采购订单-自动收货（不检验>	否	WR4	自动收货（不检验）
PR1	采购退货单-人工出库/自动装运	退货库存	WO2	人工出库/自动装运
PR2	采购退货单-人工出库/人工装运	退货库存	WO1	人工出库/人工装运

图 7-4 采购订单类型

3. 其他

关于供应商、采购部门的创建、用户配置文件的设置等操作与销售管理基本类似，读者可参考“第 5 章 销售管理”中相关内容设置。以上操作进程如下：

1）业务伙伴（供应商）：本案例中，200 公司共有 2 个供应商，分别是 SUP000001 和 SUP000002（关于供应商的创建和设置请参考“第 3 章 公用主数据及参数”）。

2）查看与供应商相关的所有采购业务信息：“供应商全方位视图（tdsmi1501m000）”。

3）创建采购部门：“采购部门（tdpur0112m000）”。

4）设置用户配置文件：“采购用户配置文件（tdpur0143m000）”。

4. 采购物料的检验

关于采购物料收货时是否要执行检验过程，设置的环节比较多，常见的设置物料是否需要检验的环节有以下几种：

1）如"第 4 章 物料和物料清单"中所述，在"物料采购数据（tdipu0101m000）"中可设置物料是否需要检验。

2）如本节中，进入"物料采购业务伙伴信息（tdipu0110m000）"进程，打开物料采购业务伙伴行进入物料采购业务伙伴详细资料中，在"收货"页面中可设置物料是否检验。

3）如"7.3 采购订单管理"中，创建采购订单（tdpur4100m000）时，在订单头中选择采购订单类型对应的仓单类型中设置活动。

4）如"7.3 采购订单管理"中，创建采购订单（tdpur4100m000）时，在订单行中也可以人工勾选是否执行检验。

5）如"第 9 章 仓储管理"，在"仓库收货（whinh3512m000）"进程中仍然可以如 4）中一样人工勾选是否执行检验。

以上环节设置物料检验的优先级是逐级递增的。例如，如果 3）是非检验仓单类型，但是 4）或 5）人工选择了检验，也会进行检验。如果 3）为检验仓单类型，但是 4）或 5）中也可以人工清除检验活动。

7.2.2　重要参数

1.　采购参数

采购参数是与采购管理相关的参数，在"采购参数（tdpur0100m000）"进程中可以设置是否启用采购征求报价单、采购合同、采购进度计划、请购单等功能。

2.　采购订单参数

采购订单参数是与采购订单相关的参数，包括订单编号组、采购发票编号组、延交采购订单、寄存采购订单类型等。进入"采购订单参数（tdpur0100m400）"进程可设置采购订单参数。

7.3　采购订单管理

7.3.1　采购订单的来源

在 Infor LN ERP 系统中，采购订单的来源有很多，最常使用的是通过运行物料订单计划生成计划采购订单并转换成采购订单及直接通过"采购订单（tdpur4100m000）"进程人工创建。此外，还可以从采购合同、采购进度计划、征求报价单、请购单等功能中转换而来。

7.3.2　采购订单的状态

通过采购订单的状态，可以了解采购订单目前所在的处理环节。在 Infor LN ERP 系统中，采购订单常见的状态有以下几种：

1）已创建：新建采购订单后的初始状态。

2）已核准：采购订单审核完成之后的状态。

3）已发送：如果在采购订单类型的活动中定义了"打印采购订单"，则执行打印后的状态为已发送状态。

4）处理中：将采购订单下达到仓储管理子系统后的状态。

5）已结算：采购发票打印完成并执行"处理已交货的采购订单"活动后的状态。该状态为采购订单的最终状态，表明采购订单已经执行完全部活动。

6）已修改："已核准"或"处理中"状态下的采购订单发生修改后的状态，如取消或增加采购订单某行、采购订单行中数据发生变化，如数量变化、价格变化、日期变化等。

7）已取消：取消了采购订单或采购订单中所有行后的状态。需要注意的是，如果只是取消了采购订单中的某一行或多行（非全部），则状态为已创建（核准前）或已修改（核准后）。

7.3.3 常见的采购订单业务

1. 常规采购订单

（1）创建采购订单

与人工创建销售订单的方法类似，采购订单的创建也包括"订单头"和"订单行"两部分。

如图 7-5 所示，采购订单头中包括供应商信息、采购订单类型、采购部门、订单号、计划收货日期等；采购订单行中主要包括需要采购的物料、采购数量、价格等。

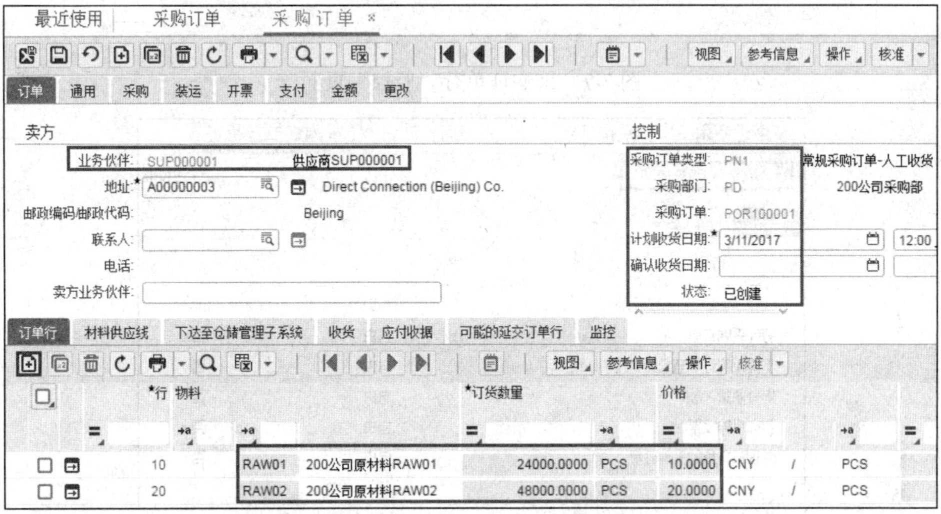

图 7-5　创建采购订单

本案例中，采购订单 POR100001 和 POR100002 是通过运行物料订单计划自动生成的（请参考"第 6 章 计划管理"）。

（2）审核采购订单

采购订单创建完成之后，单击工具栏中"保存"按钮保存采购订单，然后再单击菜单栏中的"核准"按钮审核采购订单。核准成功后，采购订单的状态变为"已核准"，如图 7-6 所示。

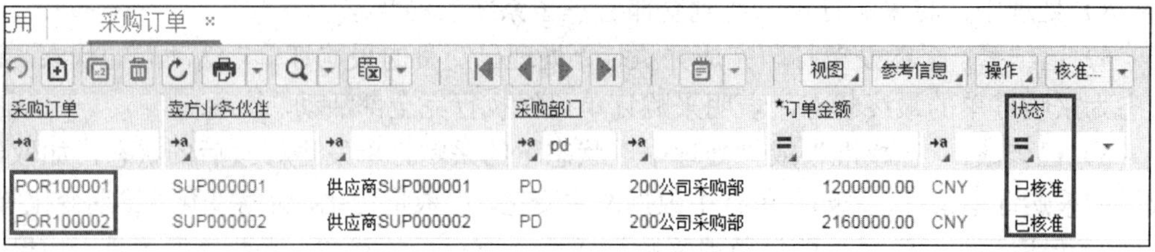

图 7-6　核准后的采购订单

审核成功后，在采购订单行"监控"页面中，选择采购订单行并单击订单行菜单栏中的"参考信息→状态"按钮，如图 7-7 所示。进入"采购订单行状态（tdpur4534m000）"进程，根据系统提示按步骤执行采购订单处理活动，如图 7-8 所示。每个活动执行完成后，状态"自由"将变成"已执行"。

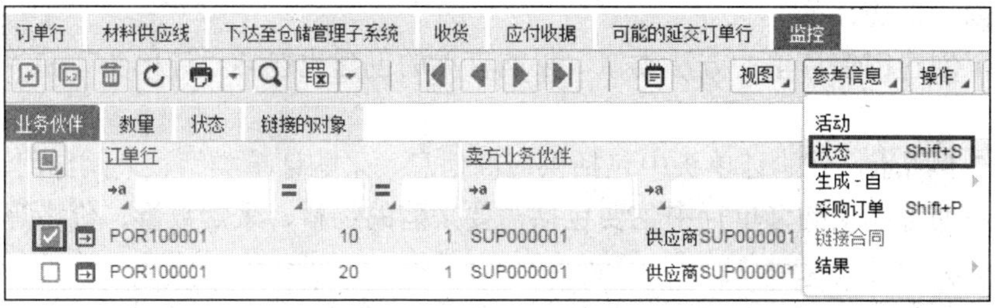

图 7-7　采购订单行"监控"页面

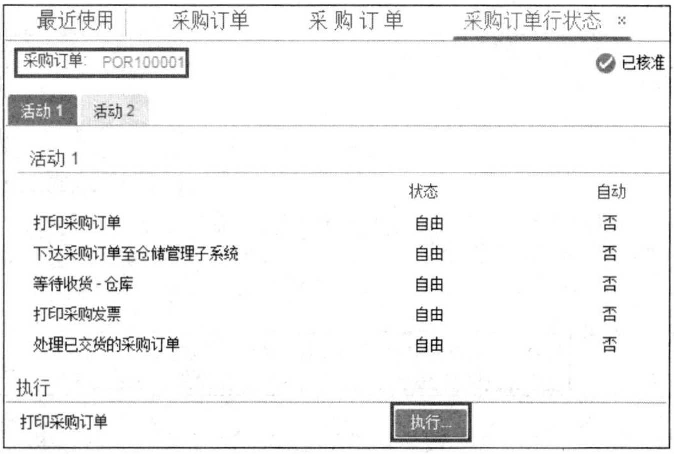

图 7-8　采购订单行状态

（3）打印采购订单

打印采购订单为非必需活动，可根据需要在创建采购订单类型时决定是否将其删除。

（4）下达采购订单至仓储管理子系统

将采购订单下达到仓储管理子系统，等待采购收货等。关于本案例中采购订单POR100001 和 POR100002 的采购收货处理请参考"第9章 仓储管理"。

（5）打印采购发票

打印采购发票为非必需活动，可根据需要在创建采购订单类型时决定是否将其删除。

在 Infor LN ERP 系统中，"采购发票"并非财务意义上的发票，而是公司与供应商之间的一种对账凭证。财务部可通过采购发票匹配供应商开具的正式发票，并根据匹配情况分析是否出现问题。

如果在采购订单类型中设置了需要执行该活动，那么在打印采购发票时需要选择"选项"页面中的"最终发票"，否则始终是进行模拟打印，无法执行下一步操作（图 7-9）。

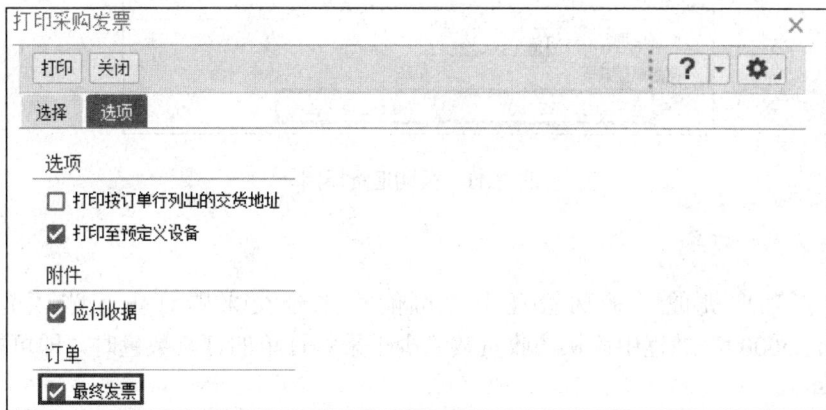

图 7-9　打印采购发票

（6）处理已交货的采购订单

与"处理已交货的销售订单"类似，处理已交货采购订单时，系统会插入采购订单历史记录，更新采购合同的已开票数量/金额等，同时采购订单状态为"已结算"状态。

2. 退货采购订单

与退货销售订单类似，退货采购订单与常规采购的差异主要有两方面：

1）采购订单头中的订单类型为采购退货订单类型，因此，退货采购订单在仓储管理中执行出库装运操作。另外，采购订单头中系列号应为退货采购订单系列号。

2）审核退货采购单之前必须为退货采购单输入退货原因。

如图 7-10 所示，单击菜单栏中"参考信息→采购订单明细"按钮，在采购订单明细资料中输入退货原因，如图 7-11 所示。

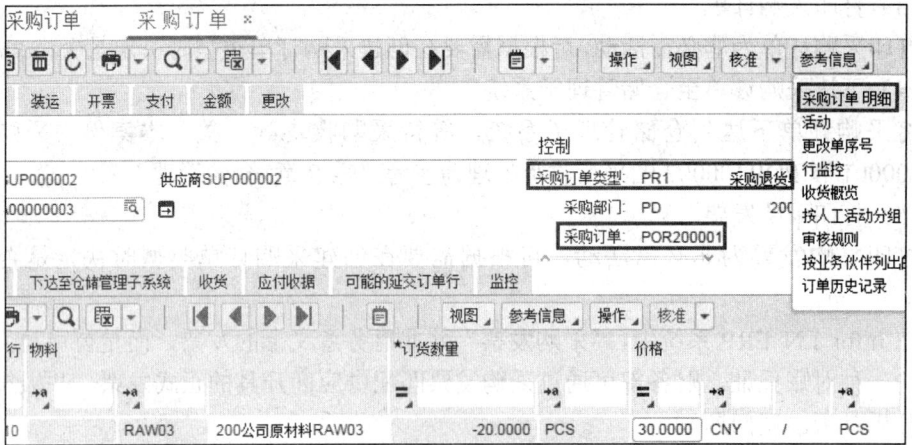

图 7-10　退货采购订单

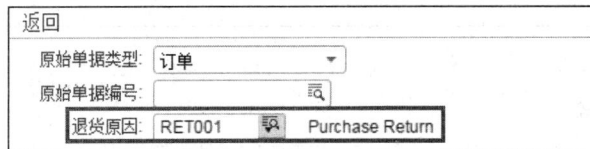

图 7-11　采购退货原因

3.　延交采购订单

与销售管理类似，采购管理中也可能产生延交采购订单。当"仓库收货（whinh3512m000）"进程中确认的收货数量少于采购订单的订货数量时，即可能产生延交采购订单。

例如，采购部向供应商 SUP000001 采购原材料 RAW03 共计 1000 个，采购订单为POR100008。但是，在仓库收货环节，确认收货数量为 800 个，如图 7-12 所示。因此，在采购订单 POR100008 的采购订单行"可能的延交订单行"页面中产生一个延交订单行，如图 7-13 所示。

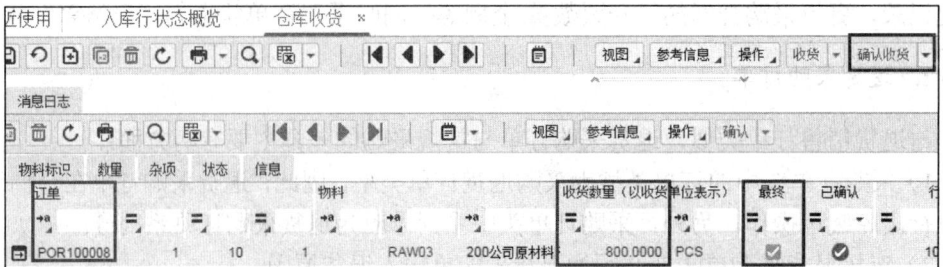

图 7-12　延交采购订单

如图 7-13 所示，用户可根据需要确认延期交货数量，例如，经过和供应商协商，剩余 200 个原材料 RAW03 不再继续交货，则在待确认的延期交货量中输入"0"并单击菜单栏中"确认"按钮确认即可。同理，如果要继续交货，则在待确认的延期交货量中输入要交货的数量并确认。确认之后，系统将在"监控"页面产生一个新的收货行，如图 7-14 所示。

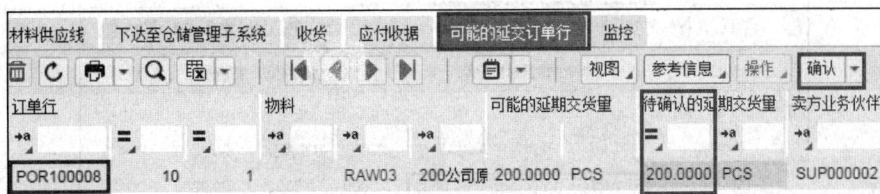

图 7-13　可能的延交订单行

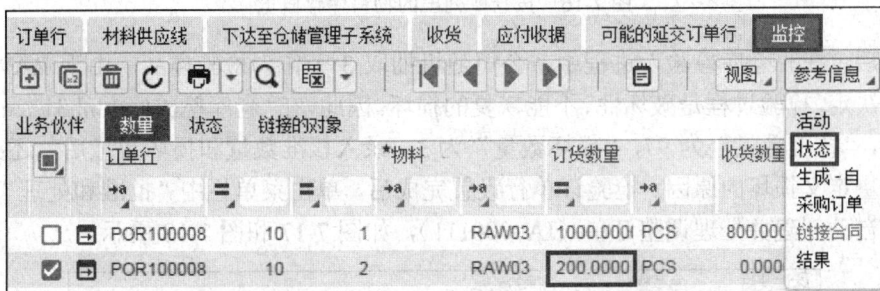

图 7-14　收货行

新的收货行按照常规采购订单处理即可。

4. 损坏或拒收处理

在采购物料收货过程中，可能出现损坏或拒收处理。

1）损坏是指由于检验活动而造成的破坏性、不能恢复的损坏。损坏数量的处理方式是系统自动产生一个"调整订单"，更新现有库存。新的现有库存等于已经收货入库的现有库存减去损坏数量。

例如，如图 7-15 所示，物料 RAW01 现有库存为 0。现创建常规采购订单 POR100011，向供应商 SUP000001 采购原材料 RAW01，数量为 100。

图 7-15　按仓库列出的物料库存概览

在"仓库收货（whinh3512m000）"进程中确认收货数量为 100。因此，RAW01 当前现有库存 100，其中冻结库存 100（即由于尚未进行检验活动，因此，当前库存处于冻结状态），如图 7-16 所示。

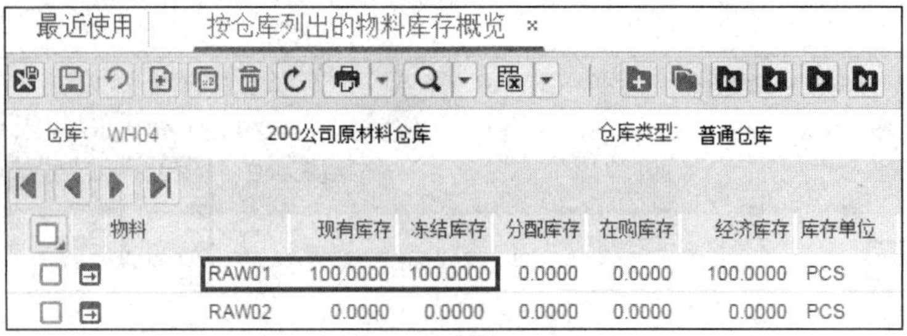

图 7-16　按仓库列出的物料库存概览

然后，在"仓库检验"进程中，公司随机抽取 3 个作为检验样品，由于 RAW01 物料性质决定，检验过程是破坏性、不能恢复的损坏。因此，在"仓库检验（whinh3122m000）"进程中，"核准数量"为 97，"损坏数量"为 3；录入核准数量和损坏数量后，还必须为损坏数量定义损坏的原因。检验订单行设置完成后，单击菜单栏中"批准和处理"按钮，系统将自动创建并处理调整订单（IA0000111），如图 7-17 和图 7-18 所示。

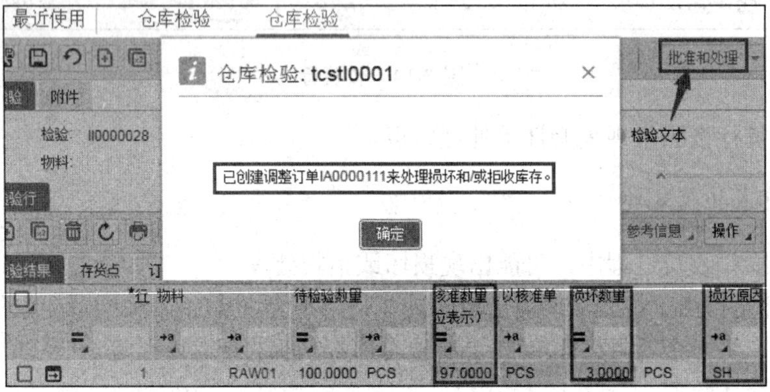

图 7-17　损坏处理

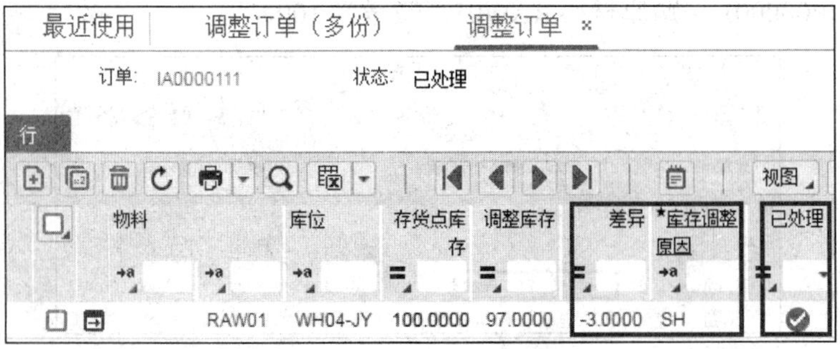

图 7-18　调整订单

调整订单的"库存调整原因"默认为检验订单中的"损坏原因"。

最终，采购订单 POR100011 全部执行完成后，RAW01 现有库存为 97，如图 7-19 所示。

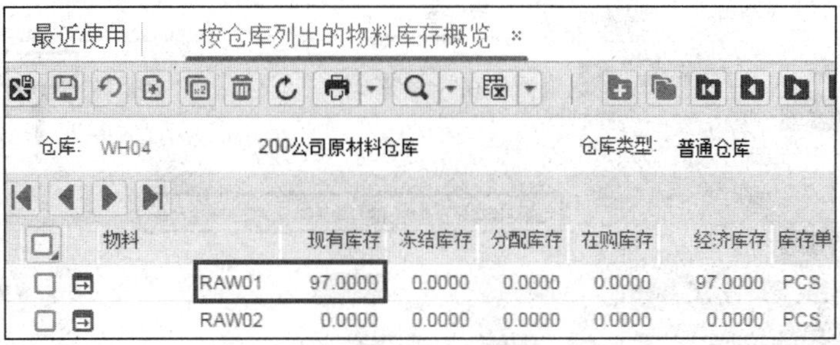

图 7-19 按仓库列出的物料库存概览

2）拒收是指在检验环节中出现不合格物料或者问题物料而产生拒收处理。对于拒收处理的物料，系统将自动产生隔离库存，将拒收物料从检验库位移动至隔离库位。而隔离库位中拒收物料的最终处理方式有很多，包括原样使用、未发现故障、废品、退货、返工—现有规格、返工—新规格、重新分类等。

例如，物料 RAW02 现有库存为 0。现创建常规采购订单 POR100012，向供应商 SUP000001 采购原材料 RAW02，数量为 200。

在"仓库收货（whinh3512m000）"进程中确认收货数量为 200。而在"仓库检验（whinh3122m000）"进程中，"核准数量"为 180，"拒收数量"为 20，如图 7-20 所示。与"损坏处理"一样，还必须为拒收数量定义拒收的原因。检验订单行设置完成后，单击菜单栏中"操作"→"处理"按钮，产生隔离库存（QU0000003）。

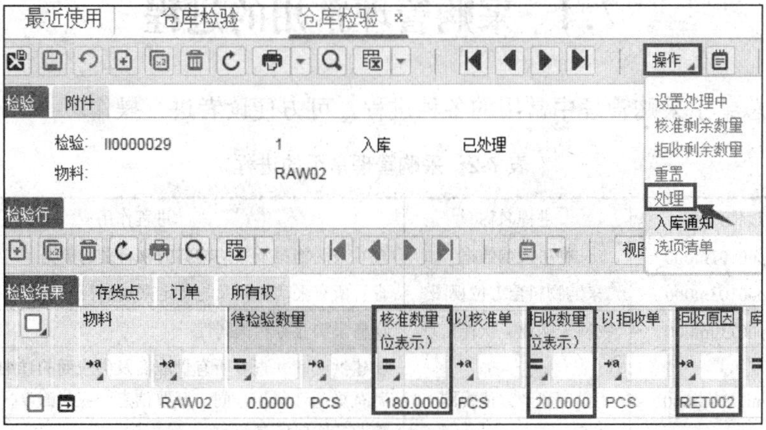

图 7-20 仓库检验

然后，进入"隔离库存概览（whwmd2171m000）"进程，打开隔离库存行 QU0000003，进入隔离库存行详细资料，可设置隔离库存的最终处理方式及原因等，如图 7-21 所示。

① 原样使用和未发现故障：二者处理结果类似，RAW02 现有库存为 200。

② 废品：与"损坏"处理类似，产生调整订单。最终，RAW02 现有库存为 180。

③ 退货：产生采购退货订单，如图 7-21 所示。最终，RAW02 现有库存为 180。

图 7-21　隔离库存处置

④ 返工—现有规格：产生生产订单，按照现有规格生产。最终，RAW02 现有库位为 200。

⑤ 返工—新规格：产生生产订单，按照新规则生产，产生新的物料 X。最终，RAW02 现有库存为 200，物料 X 现有库存增加 20。

⑥ 重新分类：直接分类为新的物料 X。最终，RAW02 现有库存为 200，物料 X 现有库存增加 20。

7.4　采购管理常用的进程

表 7-2 总结了采购管理中常用的各种进程，可方便读者进行操作。

表 7-2　采购管理常用的进程

序号	进程代码	进程名称	进程作用
1	tdipu0101m000	物料采购数据	查看采购物料及采购物料的物料采购数据
2	tdipu0103m000	采购物料全方位视图	查看所有采购物料及与特定采购物料相关的订单
3	tdipu0110m000	物料采购业务伙伴信息	物料采购业务相关属性
4	tdsmi1501m000	供应商全方位视图	新建供应商并查看所有供应商及供应商的详细业务数据，如所有采购订单、合同、开票信息、应付账款，关联的物料采购业务伙伴信息等
5	tdipu0110m200	已核准供应商清单	查看采购物料相关的核准供应商
6	tdpcg0111m000	价目表	新建价目表并设置采购物料的价格
7	tdpur0194m000	采购订单类型	新建并查看采购订单的类型
8	tdpur4100m000	采购订单	新建采购订单

续表

序号	进程代码	进程名称	进程作用
9	tdpur4601m200	订单引入工作台	查看所有的采购订单、采购订单行、延交订单等,并按照采购部门、采购物料、状态等进行筛选和更改
10	tdpur4601m300	订单履行工作台	显示采购订单距离计划交货日期的天数,并可以按照"今天到期""7天后到期"等提醒用户及时处理
11	tdpur0100m000	采购参数	采购管理相关的参数设置
12	tdpur0100m400	采购订单参数	采购订单相关的参数设置

本 章 小 结

本章概要介绍了 Infor LN ERP 系统中采购管理模块的主要功能,包括采购征求报价单、采购订单、采购合同、采购进度计划等。此外,还就采购管理中重要的主数据和参数进行了介绍,如供应商核准的原理和设置。

本章的重点内容是常见的采购订单相关业务处理,主要包括常规采购订单、退货采购订单、延交采购订单和损坏及拒收处理等。在第 6 章中,通过运行物料订单计划生成了 2 个常规采购订单(POR100001、POR100002),因此,本章以 POR100001 和 POR100002 为例重点介绍了常规采购订单的运行逻辑。另外,退货采购订单和延交采购订单与常规采购订单的运行逻辑基本是一致的,只存在个别差异,读者可参照常规采购订单创建退货和延交采购订单。

第8章 生产管理

本章内容

在 Infor LN ERP 系统中，通过运行物料订单计划生成了采购订单和生产订单，当采购订单执行完成，即原材料收货入库之后，就可以执行生产订单。Infor LN ERP 系统支持复杂的生产管理功能，包括制造物料的管理、生产资源（工作中心、机器、人员等）管理、生产工具管理、装配生产、项目制生产、重复制造及生产外包、车间作业等功能，其中，最常使用的是车间作业管理。因此，本章内容安排如下：

首先，简要概述介绍生产管理相关的各功能模块，以使读者对 Infor LN ERP 系统的生产管理有相对全面的认识。

接着，介绍如何设置生产管理相关的重要主数据和参数，这些主数据和参数是运行生产业务所必需的。

然后，以"第6章 计划管理"中生成的生产订单 PRO000113 和 PRO000114 为例，重点介绍车间作业，即按照创建生产订单、生产发料、生产报工的流程介绍生产制造业务。

最后，在本章最后还将对生产管理相关的常用进程进行总结，以便读者操作。

8.1 生产管理概述

在 Infor LN ERP 系统中，生产管理主要是处理与生产业务相关的子系统，包括制造物料的管理、生产资源（工作中心、机器、人员等）管理、生产工具管理、装配生产、项目制生产、重复制造及生产外包、车间作业等功能。其中，最常使用的是车间作业管理，包括创建生产订单、生产发料、生产报工（工序报工、报订单完工）、反冲物料和工时等。

8.2 重要主数据和参数

8.2.1 重要主数据

与生产管理相关的重要主数据主要包括"工作中心（tirou0101m000）""机器（tirou0102m000）""任务（tirou0103m000）""物料生产数据（tiipd0101m000）""物料清单（tibom1110m000）""物料工艺流程（tirou1101m000）"等。以上主数据的创建及设置请参考"第4章 物料和物料清单"。

8.2.2 主要参数

与生产管理相关的重要主数据主要包括"生产订单参数（tisfc0500m000）""物料清单参数（tibom0100m000）"和"工艺流程参数（tirou0100m000）"等。其中，在工艺流程参数中，需要注意默认工艺流程和生产率时间单位的设置，如图8-1所示。

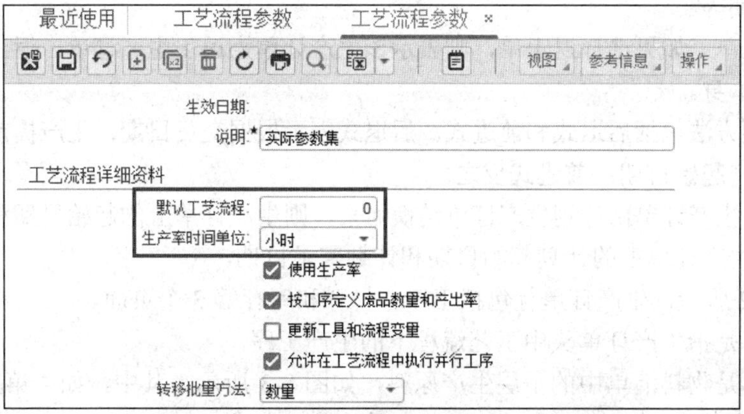

图 8-1　工艺流程参数

关于生产订单的参数设置，必须在"生产订单参数（tisfc0100s000）"中设置生产订单编号组和系列号等信息，其他设置保持默认即可。

8.3　生产订单管理

8.3.1　生产订单的来源

在 Infor LN ERP 系统中，生产订单的来源有很多，最常使用的是通过运行物料订单计划生成计划生产订单并转换成生产订单及直接通过"生产订单（tisfc0501m000）"进程人工创建。

8.3.2　生产订单的状态

根据生产订单的状态，可以了解生产订单目前所处的阶段，生产订单常见的状态有以下5种。

1）已计划：新建生产订单后的初始状态。

2）已下达：将生产订单下达到仓库发料后的状态。

3）活动的：启动生产发料到报告订单完成之前的状态。

4）待完成：生产订单已经报告订单完成，但是制造物料尚未收货入库或者未执行反冲物料和工时等。

5）已完成：生产订单报告订单完成，且制造物料已经收货入库。

8.3.3 创建生产订单

与人工创建销售订单和采购订单的方法类似，生产订单的创建也包括"订单头"和"订单行"两部分。

生产订单头包括制造物料、订单数量、工艺流程、返工单、计划方法、生产起始日期和交货日期等。

1）返工单：如果选择返工单，则表示该生产订单为返工生产订单。返工生产订单的材料为物料本身。

2）计划方法包括后退式和前进式。后退式表示根据交货日期，生产提前期等数据倒推计算出生产起始日期；前进式反之。

3）如果生产订单由计划生产订单转换而来，则生产订单上的起始日期和交货日期分别对应计划生产订单上的计划起始日期和计划需求日期。

如图 8-2 所示，生产订单行包括工序、材料和库存等 3 个页面。

1）工序是指生产订单头中工艺流程下的生产工序。

2）材料是物料清单中的下层生产原料，如图 8-3 所示。其中，如"第 4 章 物料和物料清单"中所述，RAW01 和 RAW02 为反冲发料方式。

3）库存是生产订单所需物料在仓库中的现有库存数量，通过对比现有库存数量和生产所需要消耗的数量，可以发现是否存在原材料短缺。

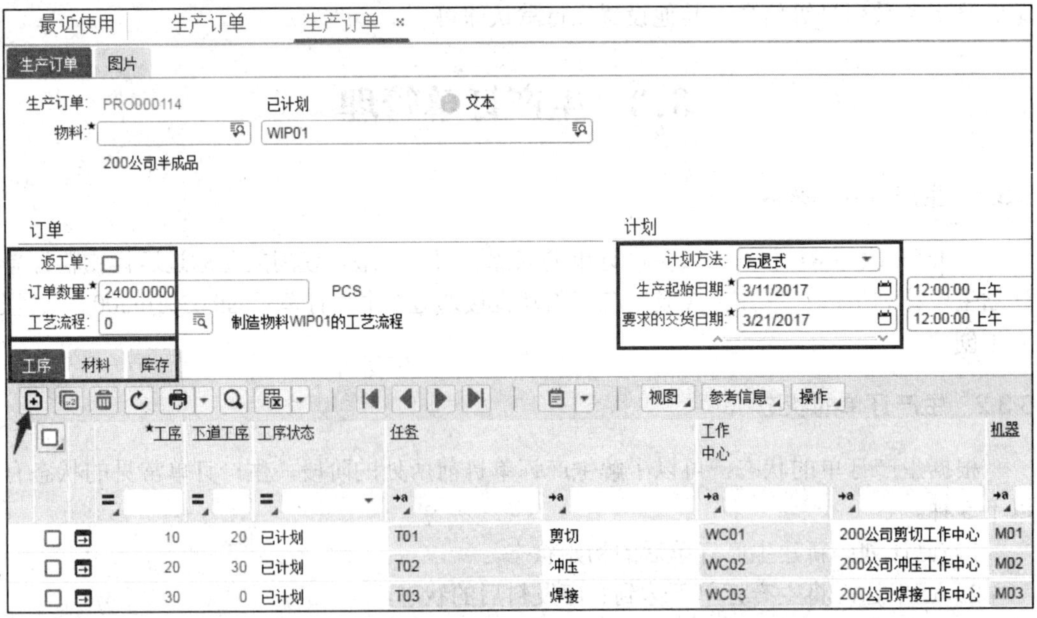

图 8-2 生产订单

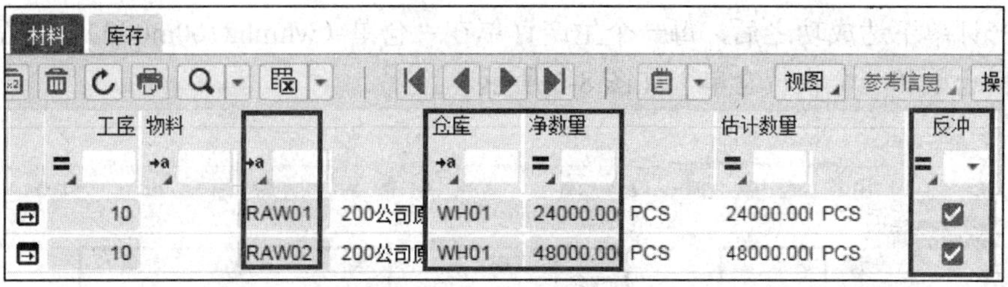

图 8-3 生产订单-材料

如图 8-4 所示，本案例中，生产订单 PRO000113 和 PRO000114 是通过运行物料订单计划自动生成的（请参考"第 6 章 计划管理"）。

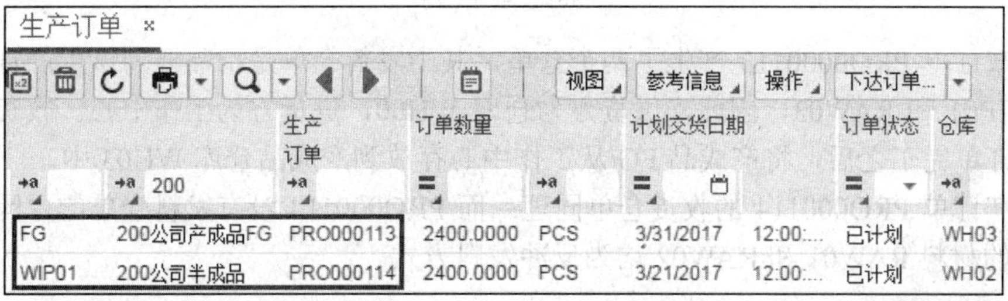

图 8-4 200 公司生产订单

8.3.4 下达生产订单

生产订单创建完成后，单击菜单栏中"下达订单"按钮或直接进入"下达生产订单（tisfc0204m000）"进程，将生成订单下达到仓储子系统中进行生产发料。

如图 8-5 所示，在下达生产订单时，可以选择是否执行"检查短缺"操作。检查短缺是指检查物料的现有库存数量是否满足生产订单物料的消耗。如果存在材料短缺，则系统将打印短缺报告，提示"按生产订单列出的材料短缺"并指出材料短缺的数量。

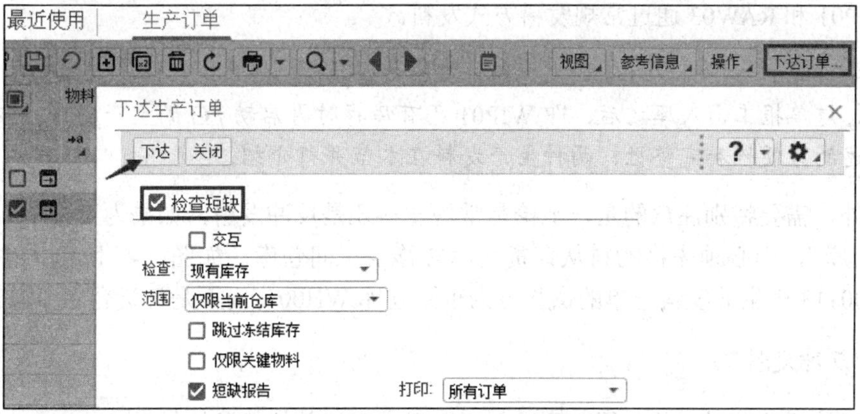

图 8-5 下达生产订单

生产订单下达成功之后，每一个生产订单在"仓单（whinh2100m000）"进程中产生一个发料仓单和一个收货仓单，如图8-6所示。

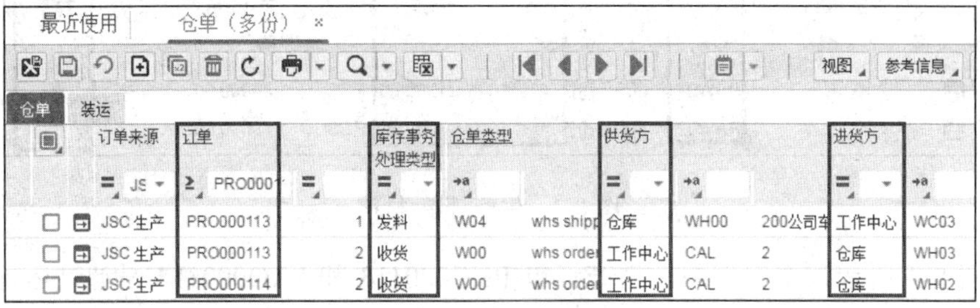

图8-6　仓单（1）

生产订单 PRO0000113 产生了两个仓单，其中发料仓单是指需要为该生产订单发放材料 WIP01 和 RAW03，因此，供货方为仓库 WH00，进货方为工作中心；收货仓单是指生产订单完工之后，将产成品 FG 从工作中心存放到产成品仓库 WH03 中。

生产订单 PRO000114 的收货仓单同理；而 PRO000114 没有发料仓单的原因是由于 WIP01 的材料 RAW01 和 RAW02 均为反冲发料方式。

8.3.5　生产发料

在 Infor LN ERP 系统中，常用的生产发料方式有两种。

1）常规发料：根据生产数量及物料清单计算出要消耗的材料数量，并根据该数量从订货仓库领料的一种方式。

2）反冲发料：针对一些正常消耗的低成本材料，或在领料时不明确清楚具体消耗数量，或在计划波动较大等情况下，可采用反冲发料。即在实际业务中，先从订货仓库中领料进行生产，然后在订单完工时再根据实际消耗量在系统中反冲核销。

本案例中，生产 WIP01 时，RAW01 和 RAW02 通过反冲发料的方式发料；生产 FG 时，WIP01 和 RAW03 通过常规发料方式发料。

说明：由于 WIP01 为 FG 的生产组件之一，因此，严格来说应该等到 WIP01 生产发料完成、订单报工、入库之后，即 WIP01 已有库存时再启动 FG 的生产发料。但是为了教材叙述的方便性和完整性，两种生产发料在本节并行介绍。

此外，需要特别注意的是，不论是常规发料还是反冲发料，如果为工作中心设置了"车间仓库"，则必须先将物料从订货仓库转移至车间仓库。如图 8-6 所示，生产订单 PRO0000113 产生的发料仓单的供货方为车间仓库 WH00，而不是订货仓库 WH04。

1. 反冲发料

在开始反冲发料之前，用户可进入"用于生产订单的待发放材料（ticst0101m100）"进程，观察生产订单材料发放过程中的数量变化（图8-7）。

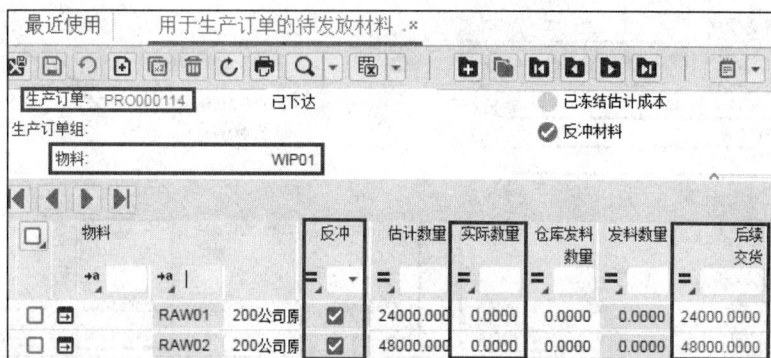

图 8-7 用于生产订单的待发放材料

如上所述，首先创建人工转移仓单，将 WIP01 的材料 RAW01 和 RAW02 从订货仓库 WH04 转移到工作中心的车间仓库 WH00 中。

如图 8-8 所示，创建人工转移仓单 TI0000028，将物料 RAW01 和 RAW02 从原材料仓库 WH04 移库至车间仓库 WH00，数量分别为 24000、48000。转移仓单创建完成后，单击菜单栏中"启动"按钮，然后按照仓单的出库及入库操作分别依次进入"出库行状态概览"和"入库行状态概览"中根据系统提示执行即可。

关于仓单的出库及入库操作请参考"第 9 章 仓储管理"。

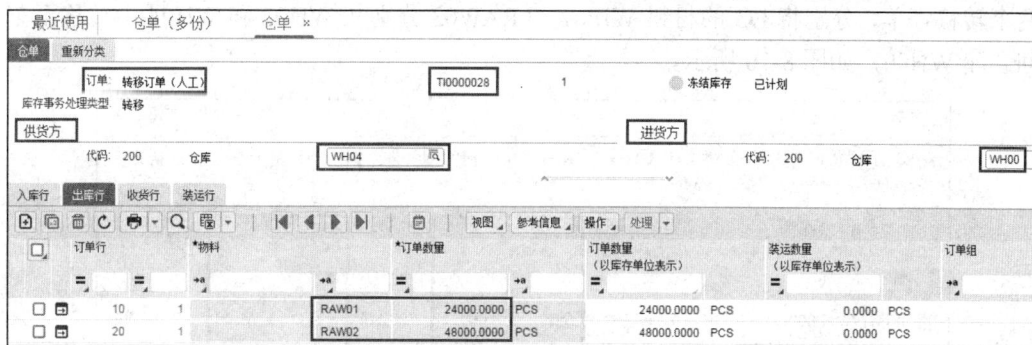

图 8-8 移库仓单

2. 常规发料

与反冲发料一样，在开始发料之前，用户可进入"用于生产订单的待发放材料（ticst0101m100）"进程，观察生产订单材料发放过程中的数量变化。

如"第 4 章 物料和物料清单"中所述，由于在制造物料 FG 的物料生产数据中没有将其设置为"反冲物料"，因此，图 8-9 中无法人工修改反冲字段。但是，如果在物料生产数据中将 FG 设置为"反冲物料"，即使 WIP01 和 RAW03 没有设置"材料时反冲"，仍然可以在图 8-9 中人工修改反冲字段，使其变为反冲发料方式。

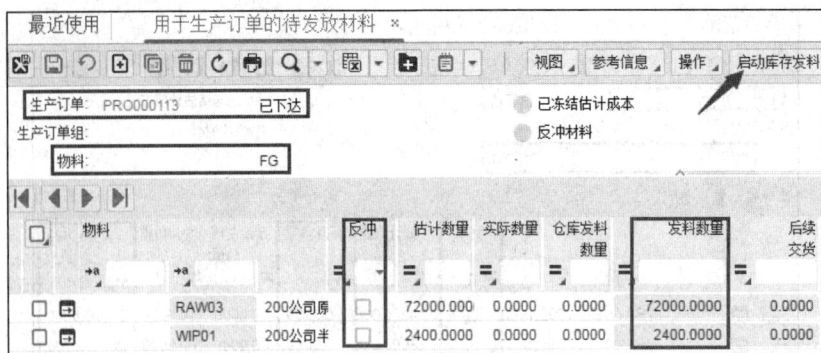

图 8-9　用于生产订单的待发放材料

（1）启动库存发料

在常规发料方式发料之前，必须要先启动库存发料，如图 8-9 所示。启动库存发料之后，图 8-9 中"发料数量"变为 0，仓库发料数量变为 72 000 和 2400，即此时可执行仓单发料活动。

（2）库存转移订单：订货仓库至车间仓库

如前所述，如果工作中心设置了车间仓库，则必须先将物料从订货仓库人工转移至车间仓库。因此，启动库存发料之后，参考反冲发料方式中转移订单的创建方法，创建两个转移订单，分别将 FG 的材料 WIP01 和 RAW03 分别从 WH02 和 WH04 中转移至车间仓库 WH00，如图 8-10 所示。

图 8-10　仓单（2）

（3）库存发料：车间仓库至工作中心

材料转移完成后，进入"仓单（whinh2100m000）"进程，找到该生产订单的发料仓单，如图 8-6 所示。按照仓单的出库及入库操作分别依次进入"出库行状态概览"和"入库行状态概览"根据系统提示执行即可。当仓单发料完成之后，仓库发料数量变为 0，实际消耗数量变为 72 000 和 2400。

关于仓单的出库及入库操作请参考"第 9 章　仓储管理"。

8.4 报告生产完工

报告生产完工包括"报告工序完成"和"报告订单完成",是指工作中心领料之后按照生产工艺流程加工生产,每道工序完成之后在系统中录入工序的完工数量,所有工序完成之后报告订单即可完成。

8.4.1 报告工序完成

如图 8-11 所示,进入"报告工序完成(tisfc0130m000)"进程,依次为每一道工序录入"完成的累计数量"。如果存在拒收数量或报废数量,可根据实际情况录入即可。

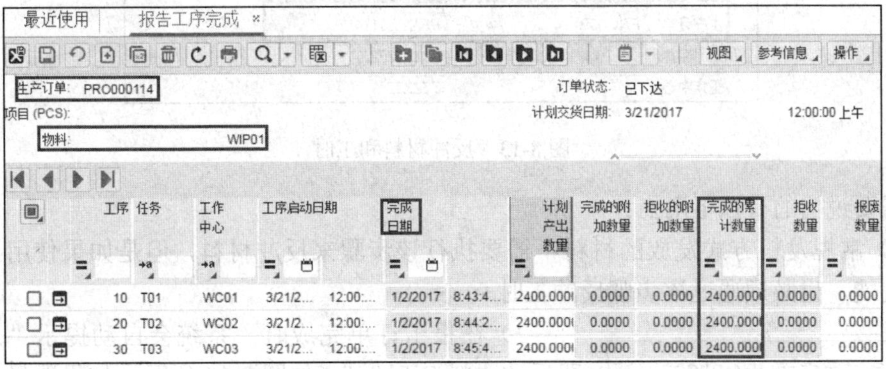

图 8-11 报告工序完工

8.4.2 报告订单完成

与报告工序完成类似,进入"报告订单完成(tisfc0520m000)"进程,打开生产订单行进入报告订单完成详细信息,按照完工数量录入"待交货的附加数量",并将订单状态更改为"待完成",如图 8-12 所示。

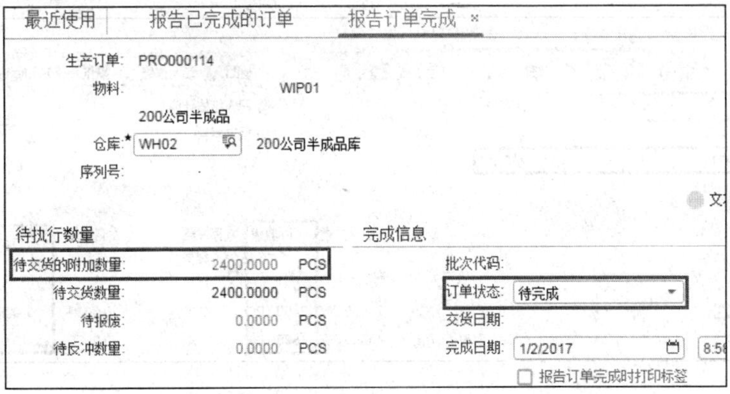

图 8-12 报告订单完成

8.5　反冲材料和工时

如前所述，通过反冲发料方式发放的材料，在报工订单完成后需要反冲物料和工时，核算实际消耗的生产材料，如图 8-13 所示，并在系统中过账。

进入"反冲材料和工时（tisfc0220m000）"进程，可执行反冲物料和工时。

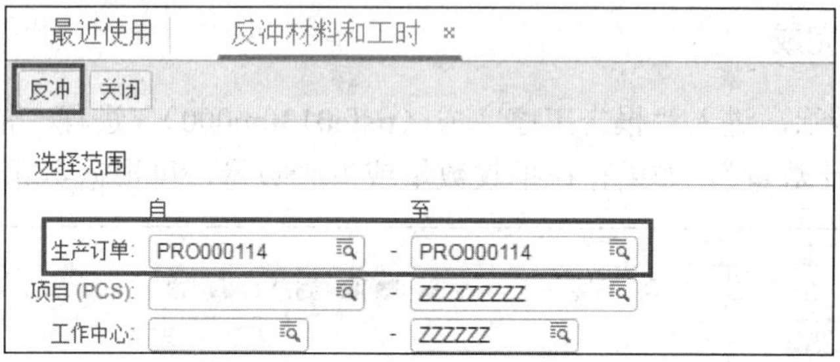

图 8-13　反冲材料和工时

需要说明的有以下两点：

1）常规发料方式发放的材料不需要执行该步骤来反冲材料，但是如果使用了反冲工时功能，也必须通过该步骤反冲工时。

图 8-14　报告订单完成

2）在报工订单完成时，系统会自动提示"是否立即反冲物料/工时？"，如图 8-14 所示。如果选择"是"，则表示在报告订单完成时立即直接执行反冲材料和工时，因此，不需要再重复执行"反冲材料和工时（tisfc0220m000）"进程。

材料和工时反冲完成后，用户可再回到"用于生产订单的待发放材料（ticst0101m100）"进程中，观察此时生产订单材料发放过程中的数量变化（图 8-15）。

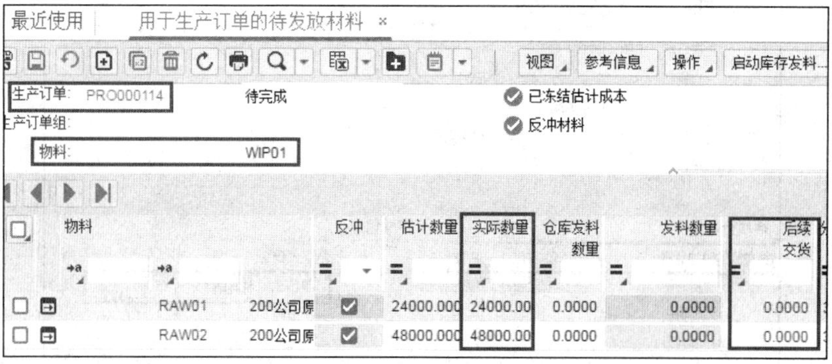

图 8-15　用于生产订单的待发放材料

通过与图 8-7 对比发现,反冲物料和工时之后,实际数量为生产订单实际消耗的物料数量 24 000 和 48 000,后续交货数量变为 0。

8.6 仓 库 收 货

每个生产订单下达到仓储子系统后都会产生一个收货仓单,即当报告订单完成之后,将车间生产完成的物料收货入库。

关于仓单的收货入库操作请参考"第 9 章 仓储管理"。

需要说明的是,在报工订单完成时,系统会自动提示"激活仓单收货行时,是否自动处理入库过程?",如图 8-16 所示。如果选择"是",则表示在报告订单完成时系统自动将完工物料收货入库;如果选择"否",则需要按照仓库收货的入库操作人工执行。

图 8-16 报告订单完成

收货完成后,进入"按仓库列出的物料库存概览(whwmd2515m000)"进程可以查看物料在收货仓库中的现有库存数量(图 8-17)。

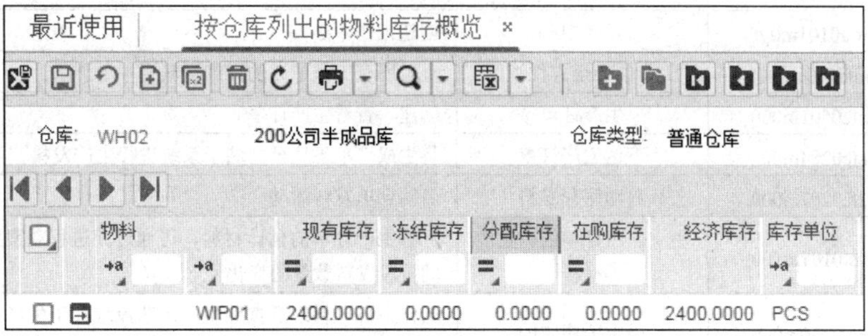

图 8-17 按仓库列出的物料库存概览

同时,生产订单变为"已完成"状态(图 8-18)。

说明:默认状态下,生产订单只显示"使用中的订单"。因此,单击菜单栏中"视图→显示所有订单"即可找到"已完成"状态的生产订单。

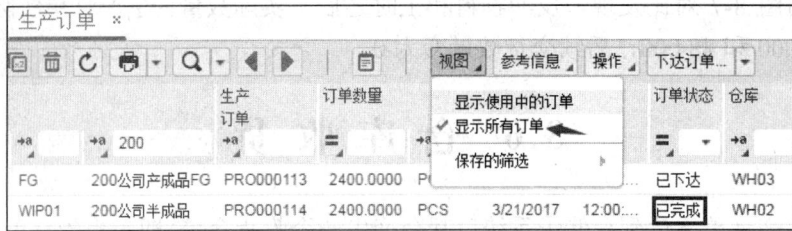

图 8-18　生产订单

说明：FG 的生产订单 PRO000113 的报告工序完成、报告订单完成及仓库收货等处理请参考 WIP01 的生产订单 PRO000114。

8.7　生产管理常用的进程

表 8-1 总结了生产管理中常用的各种进程，可方便读者进行操作。

表 8-1　采购管理常用的进程

序号	进程代码	进程名称	进程作用
1	tiipd0101m000	物料生产数据	新建、查看、设置所有制造物料及相关制造业务属性
2	timfc1500m000	生产物料全方位视图	查看制造物料相关的业务信息，如工艺流程、物料清单、生产订单等
3	tibom1110m000	物料清单	创建、查看物料清单
4	tirou1101m000	物料工艺流程	为制造物料定义工艺流程
5	tirou0102m000	机器	为工艺流程定义机器
6	tirou0103m000	任务	为工艺流程定义工序任务
7	tirou0101m000	工作中心	创建工作中心
8	timfc1501m000	工作中心全方位视图	查看所有工作中心的详细资料
9	tisfc0501m000	生产订单	创建、查看生产订单
10	tisfc0204m000	下达生产订单	将生成订单下达至仓储子系统进行生产发料
11	tisfc0207m000	启动库存发料	启动仓单发料活动
12	ticst0101m100	用于生产订单的待发放材料	查看生产订单的估计材料，可通过此进程观察生产订单在不同阶段发料数量的变化
13	tisfc0130m000	报告工序完成	工作中心领料之后按照生产工艺流程加工生产，每道工序完成之后在系统中录入工序的完工数量
14	tisfc0520m000	报告订单完成	所有工序完工之后，报告生产订单完工，确认完工制造物料数量
15	tisfc0220m000	反冲材料和工时	在系统中消耗反冲物料的生产材料
16	tirou0100m000	工艺流程参数	定义工艺流程详细资料，如系统默认工艺流程代码、生产率时间单位等
17	tisfc0100s000	生产订单参数	定义生产订单编号组，物料/工时反冲设置、生产成本差异计算等

本 章 小 结

本章主要介绍了 Infor LN ERP 系统生产管理中的车间作业管理。车间作业管理以生产订单为核心主线，经过生产订单的创建、生产订单的下达、生产发料、报生产完工、反冲物料和工时等多个步骤。其中，读者可重点关注两种常见的生产发料方式及反冲物料和工时的相关原理和操作。

第9章 仓储管理

📥 本章内容

仓储管理是企业供应链管理的核心环节，也是企业物流的枢纽。仓储管理既与销售、采购、生产等业务进行衔接，如销售订单发料、出库、装运，采购订单收货、入库、检验，生产订单生产发料、生产完工收货等都与仓储管理相关，也存在很多独立的仓储业务，如库存计划、库存报告、库存分析、库存盘点、库存调整、仓库间库存转移等。

本章结合"第7章 采购订单"中的采购收货及"第5章 销售管理"中的销售发料等业务，重点讲解收货检验、发货装运等事务处理，其他操作，如生产发料、转移订单出库入库等操作本质上与前者相同。此外，本章还将概述仓储业务中常用的库存分析、库存报告、库存盘点、库存调整等业务。

9.1 仓储管理概况

在 Infor LN ERP 系统中，仓储管理主要是处理与仓储业务相关的业务子系统，包括仓库创建和库位设置，仓库收货、入库、检验，仓库发料、出库、装运，库存盘点和调整，仓库间库存转移，库存分析和库存报告等。其中，库存分析主要是对库存物料执行 ABC 分析和呆滞分析；库存报告主要是汇总仓库中物料的库存情况、汇总仓库所发生的库存事务及批次控制、序列化控制物料的管理等。

9.2 重要主数据和参数

与仓储管理相关的重要主数据主要包括与物料相关的，如"物料仓储数据""仓库物料数据""物料估价组"等；与仓库相关的，如"仓库""仓库估价组""仓库库位"等；与仓单处理过程相关的，如"仓储业务过程""仓单类型"等；以及其他的，如"库存估价方法""用户配置文件"等。

与仓储管理相关的重要参数主要包括仓储主数据参数、库存处理参数、库存报告参数等。此外，还有如库存计划参数、库存分析参数、批次控制参数等。

9.2.1 重要主数据

1. 物料仓储数据

如"第 4 章 物料和物料清单"所述,物料仓储数据是与物料仓储业务相关的属性,如库存估价、库位控制、出库方法、车间存货。物料仓储数据的设置即可以在"物料(tcibd0501m000)"进程中设置,也可以在仓储管理中的"物料仓储数据(whwmd4500m000)"进程中专门设置。

2. 物料估价组、仓库估价组、库存估价方法和仓库物料数据

估价是按照一定的估价方法对物料的库存价值进行估价,而估价组是根据实际估价统计需要将相同属性的物料或仓库进行分组。如图 9-1 所示,用户可以在"物料估价组(whina1101m000)"和"仓库估价组(whina1102m000)"中进行设置。

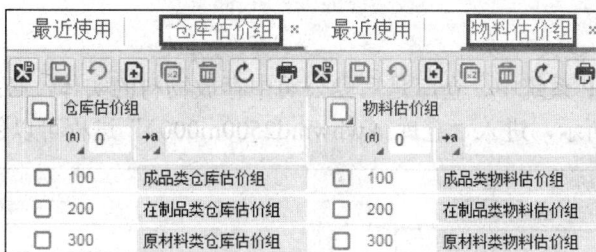

图 9-1 仓库估价组和物料估价组

库存估价方法是对物料估价的方法,包括固定转移价格(FTP)、移动平均单位成本(MAUC)、先进先出(FIFO)、后进先出(LIFO)、批次价格(批次)、序列价格(序列)等,其中,FTP 相当于标准成本估价。如图 9-2 所示,用户可进入"库存估价方法(whina1100m000)"进程,根据企业实际业务选择对应的估价方法。

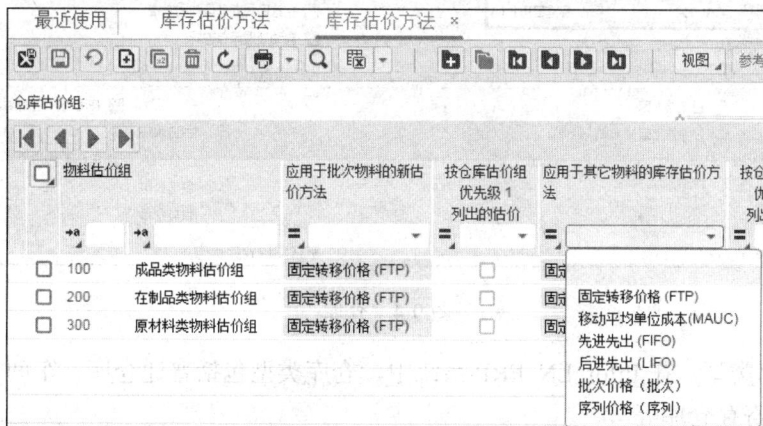

图 9-2 库存估价方法

库存估价方法定义完成后即可为物料定义估价方法。如图 9-3 所示进入"仓库物料数据（whwmd2510m000）"进程进行设置。

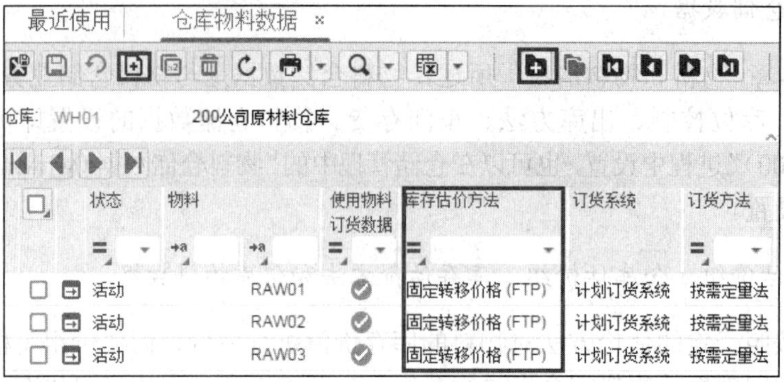

图 9-3　仓库物料数据

3.　仓库和库位

在 Infor LN ERP 系统中，仓库是后勤公司中存放物料的实体，必须关联至特定的企业单元。如图 9-4 所示，进入"仓库（whwmd2500m000）"进程可以创建并设置仓库。

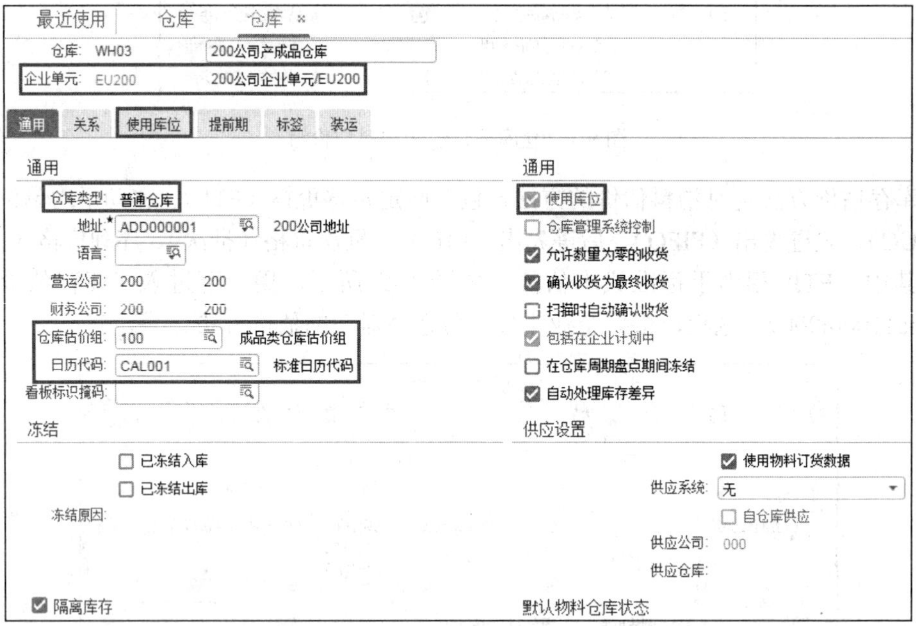

图 9-4　仓库

1）仓库类型：在 Infor LN ERP 系统中，仓库类型包括普通仓库、车间仓库、项目专用仓库、寄存仓库等。

① 车间仓库：用来存储为工作中心提供物料中间暂存的仓库。一个车间仓库可链接

至一个或多个工作中心。

② 寄存仓库（无所有权）：所有权归供应商所有，但货物存储在营运公司仓库中，直至用尽或售出货物后才会付款。寄存库要注意选择业务伙伴。

③ 寄存仓库（有所有权）：所有权归营运公司所有的，但货物存储在客户仓库中，直至用尽或售出货物后才会收到付款。寄存库要注意选择业务伙伴。

2）包括在企业计划中：如果选择此单选框，则在执行主计划或订单计划时，系统将该仓库中的物料数据纳入计算中。反之，如果清除此单选框，则系统将忽略此仓库中的物料数据，如报废品仓库、返修品仓库等。

3）使用库位：在 Infor LN ERP 系统中，可以支持仓库库位管理功能。进入"仓库库位（whwmd3500m000）"进程可以为仓库创建并设置库位，如图 9-5 所示。库位的类型包括大宗物料库位、隔离库位、检验库位、集装库位、领料库位、收货库位等 6 种，其中，大宗物料库位为最终存放物料的库位，其他库位为过渡性库位。此外，还可以根据物料将库位进一步细分，例如，在原材料仓库 WH04 中，分别为 RAW01、RAW02、RAW03 各创建 1 个大宗物料库位。

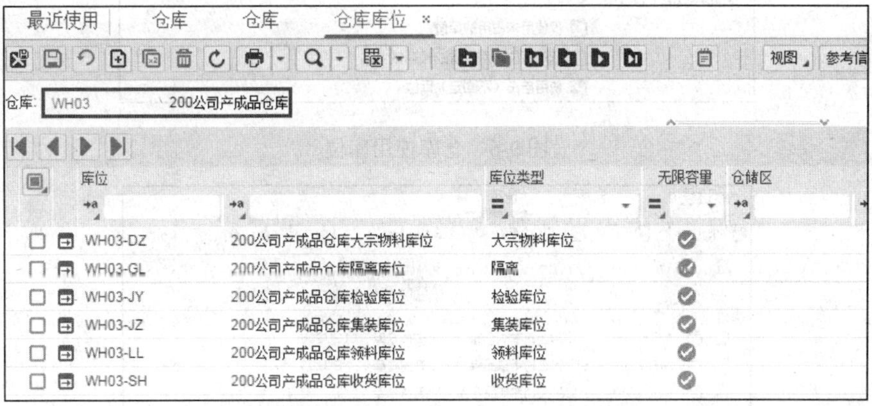

图 9-5　仓库库位

此外，需要注意的是，如果需要使用库位，则必须在"仓库（whwmd2500m000）"进程中为仓库关联收货、集装和隔离库位，如图 9-6 所示。

如图 9-7 所示，本案例中，200 公司共有 4 个仓库，其中 WH00 为车间仓库且不使用库位功能。

4. 仓单处理过程

仓单类型的含义和作用与销售订单类型、采购订单类型的含义和作用类似。但是，由于仓储业务更加复杂，因此，需要首先创建"仓储业务过程"并设置活动，然后再根据库存事务处理类型定义仓单类型。

（1）仓储业务过程

仓储业务过程包括收货、检验、出库、装运 4 种。

进入"仓储业务过程（whinh0105m000）"进程可创建仓储业务与销售订单类型和采购订单类型类似。创建完成后，单击菜单栏中的"活动"按钮为该仓储业务设置需要执行的活动及是否自动执行等（图9-8）。

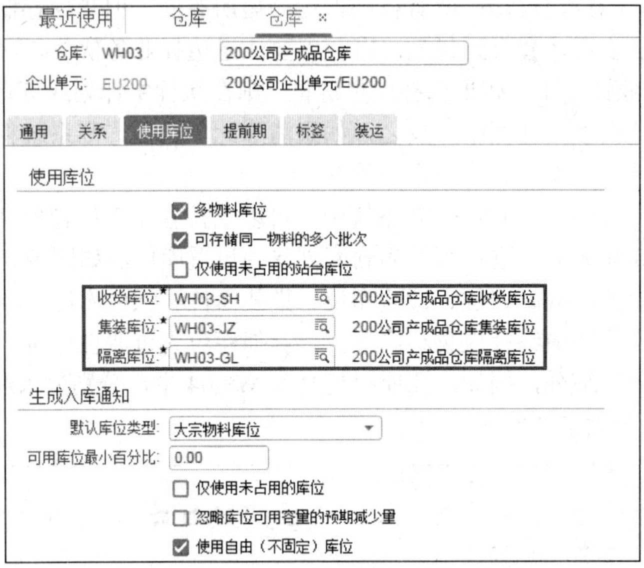

图 9-6 仓库使用库位

图 9-7 200 公司仓库

图 9-8 仓储业务过程

（2）仓单类型

进入"仓单类型（whinh0110m000）"进程可创建并设置仓单类型。如图9-9所示，根据库存事务处理类型的不同及仓储业务过程的不同可以组合成各种仓单类型。

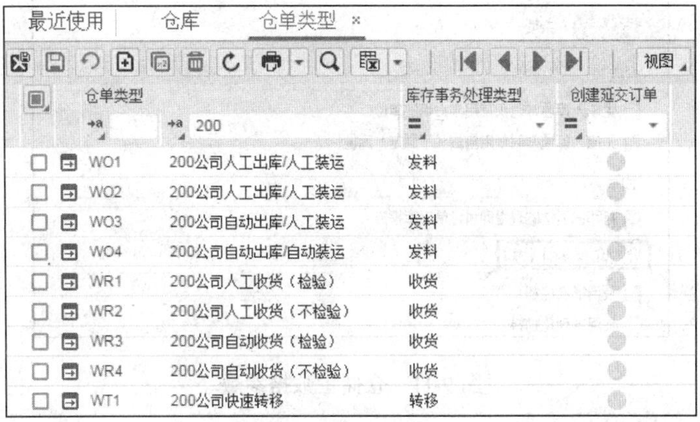

图 9-9　仓单类型

库存事务处理类型包括收货、发料、转移和在制品转移4种。如图9-10所示，其中，收货事务处理包括收货过程和检验过程两方面；发料包括出库过程和装运过程两方面；转移包括收货过程、检验过程、出库过程、装运过程4种业务过程。此外，在仓单类型中，还可以根据需要对仓储业务过程中的活动进行调整。

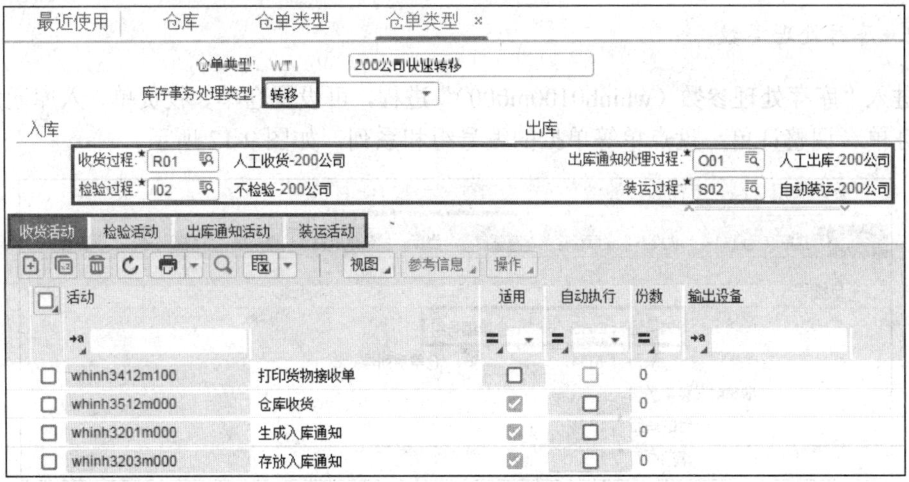

图 9-10　仓单类型

9.2.2　重要参数

1．仓储主数据参数

仓储主数据参数是与仓储管理相关的参数。进入"仓储主数据参数（whwmd0500m000）"

进程中可以设置仓储主数据参数，如图 9-11 所示。

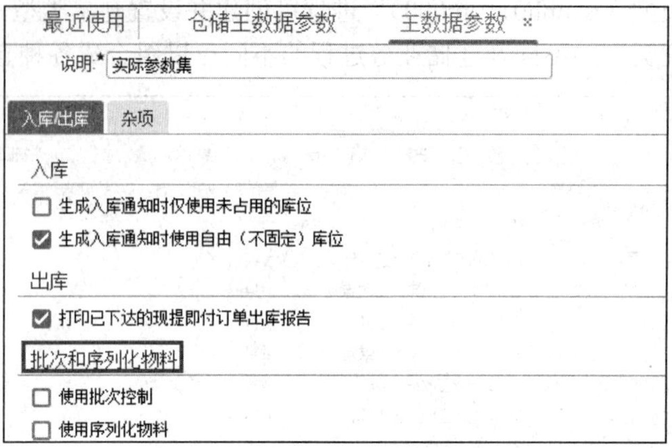

图 9-11　仓储主数据参数

1）生产入库通知时仅使用未占用库位是指在生产入库通知时，系统只选择当前没有物料存放的库位。

2）生产入库通知时使用自有（不固定）库位：如果为物料设置了固定库位，表示该物料只能存放在固定库位中。如果清除该选项，则表示只将物料存放在固定库位中。

3）如果需要使用批次控制或者序列化功能，则需要在仓储主数据参数中选择"使用批次控制"或"使用序列化物料"。

2. 库存处理参数

进入"库存处理参数（whinh0100m000）"进程，可设置仓单、收货单、入库通知单、检验订单、调整订单、盘点单等单据的编号组和系列，如图 9-12 所示。

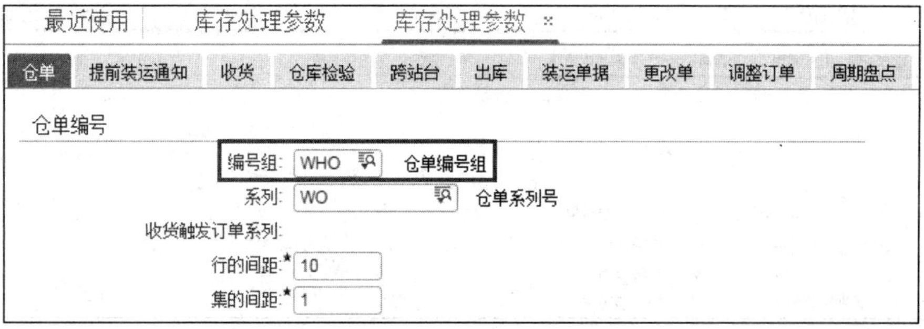

图 9-12　库存处理参数

注意：所有需要使用的单据的编号组都必须设置，否则无法生成该单据。在仓库处理参数中涉及的编号组较多，应一一设置。

9.3 常用的仓储业务

9.3.1 仓单

仓单是 Infor LN ERP 系统仓储管理中最重要的单据,无论是销售发货、采购收货、生产发料、生产收货还是库存转移等,只要物料在仓库中的出入都会生成仓单。因此,仓单的订单来源有很多,包括销售订单、生产订单、采购订单、采购计划、转移订单等。如图 9-13 所示,进入"仓单(whinh2100m000)"进程可查看或新建仓单。

仓单中包括入库类型的仓单,也包括出库类型的仓单,而且一个仓单中往往可能包括多个仓单行。因此,Infor LN ERP 系统提供了"入库行状态概览(whinh2119m000)"和"出库行状态概览(whinh2129m000)"两个进程。在这两个进程中,可分别按照入库和出库类型查看对应的仓单行及仓单行状态,便于用户操作。

9.3.2 仓库收货及检验

本节主要结合"第 7 章 采购订单"中的采购收货业务介绍 Infor LN ERP 系统仓库收货及检验功能。

1. 仓库收货

当采购订单执行"采购订单下达到仓储管理子系统"活动后(请参考"第 7 章 采购订单")或生产订单执行"下达生产订单"活动后(请参考"第 8 章 生产管理"),就会在"仓单(whinh2100m000)"进程中创建订单来源为"采购订单"或"生产订单"的仓单,如图 9-13 所示,其库存事务处理类型为"收货"。

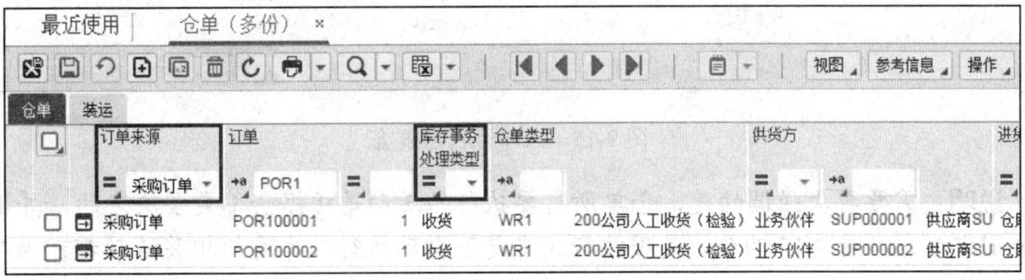

图 9-13 仓单

打开仓单行,进入仓单详细资料,如图 9-14 所示,可以查看该仓单的详细信息,包括供货方、进货方、入库行、订货数量、时间等。

依次选择入库行,并单击菜单栏中"参考信息→状态概览"按钮进入"入库行状态概览(whinh2119m000)"进程,根据系统提示(待完成的活动为黑色,已完成的活动为灰色)完成仓单处理,如图 9-15 所示。

图 9-14　仓单详细资料

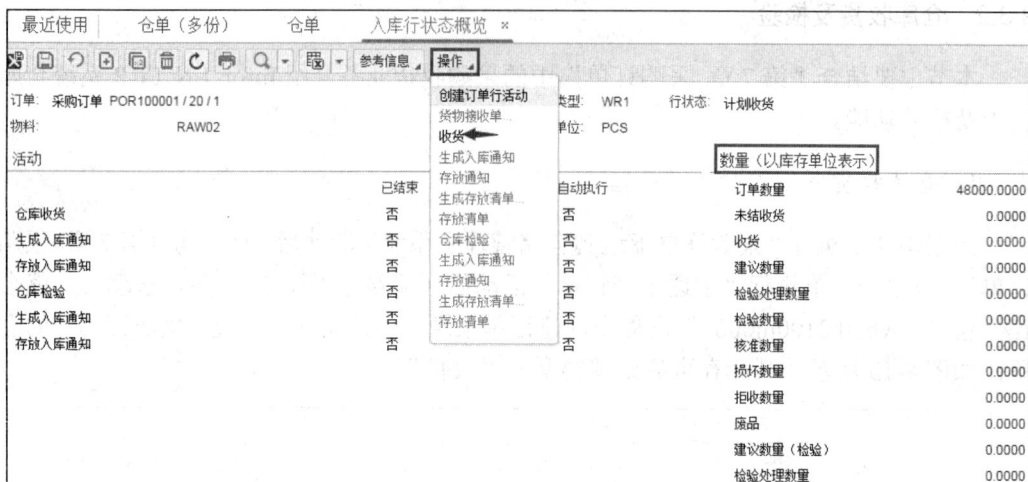

图 9-15　入库行状态概览

说明： 需要再次强调的是，仓单所需要执行的活动是根据仓单类型决定的，并不是完全固定的。以图 9-15 为例，是否执行或者是否自动执行入库通知相关活动都可以在仓单类型中定义。

单击"收货"按钮后，系统将链接至"仓库收货（whinh3512m000）"进程中执行收货活动。

如图 9-16 所示，在仓库收货进程中输入"收货数量"，然后单击菜单栏中"确认收货"按钮即可。需要说明的是：

1）如果在设置物料采购数据和选择采购订单类型时均没有设置"检验"，还可以在"仓库收货"进程中人工修改。修改后，该订单需要执行检验活动。

2）如果供应商实际交货的数量（即收货数量）少于订单数量，即产生延交采购业务（请参考"第 7 章 采购订单"）。

图 9-16　仓库收货

如图 9-17 所示，仓库收货完成后，入库行状态概览中仓库收货状态变为"是"。然后按照图 9-15 所示，根据系统提示依次执行其他活动。

说明： 入库通知是说明物料存放在什么库位、存放的数量等信息，用户可在"入库通知（whinh3525m000）"进程中人工创建并设置入库通知；也可以根据入库行状态概览中的提示点击"生成入库通知"，系统将根据库位优先级自动生成入库通知。自动生成入库通知操作比较简单，读者可根据系统提示操作即可。

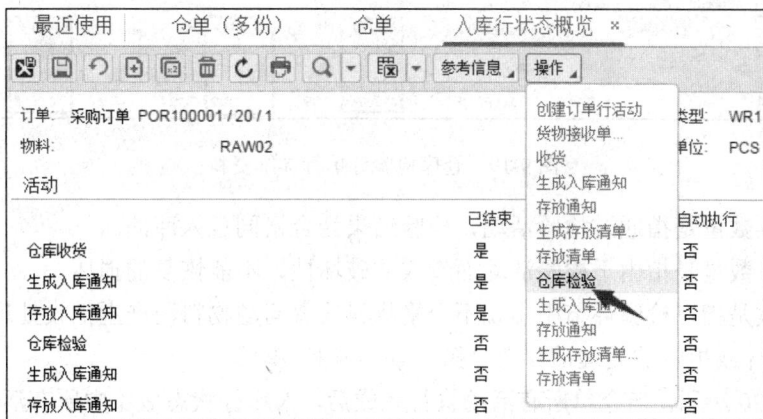

图 9-17　入库行状态概览

2. 仓库检验

与仓库收货类似，在"入库行状态概览（whinh2119m000）"进程中，根据系统提示执行"仓库检验"活动。

单击"仓库检验"按钮，系统将链接至"仓库检验（whinh3122m000）"进程中如图 9-18 所示。

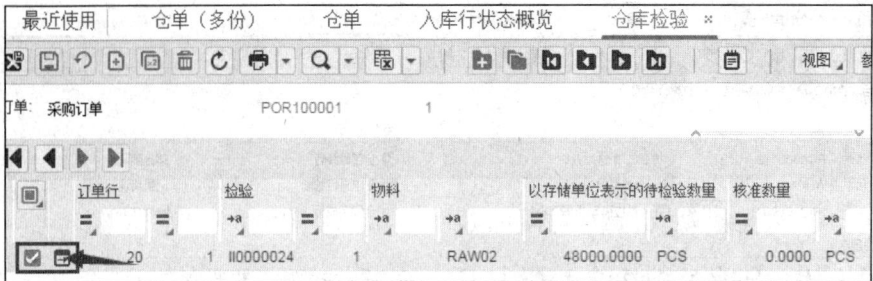

图 9-18　仓库检验

然后打开检验订单行，在检验订单行详细资料中，根据检验结果填写"核准数量""损坏数量"和"拒收数量"，如图 9-19 所示。最后，单击菜单栏中"操作→处理"按钮处理检验结果。

图 9-19　仓库检验订单行详细资料

1）核准数量是指通过检验活动，检验结果为合格同意入库的。

2）损坏数量是指由于检验活动而造成的破坏性、不能恢复的损坏。

3）拒收是指在检验环节中出现不合格物料或者问题物料而产生拒收处理。

关于损坏或拒收的处理请参考"第 7 章　采购订单"。

如图 9-20 所示，当仓单所有活动执行完成后，入库行状态概览中所有活动状态变为"是"。此外，在入库行状态概览进程中还可以看到订单数量、收货数量、检验数量等详细数量信息。

如图 9-21 所示，物料收货（及检验）完成后，"按仓库列出的物料库存概览（whwmd2515m000）"进程中的冻结库存数量变为 0。

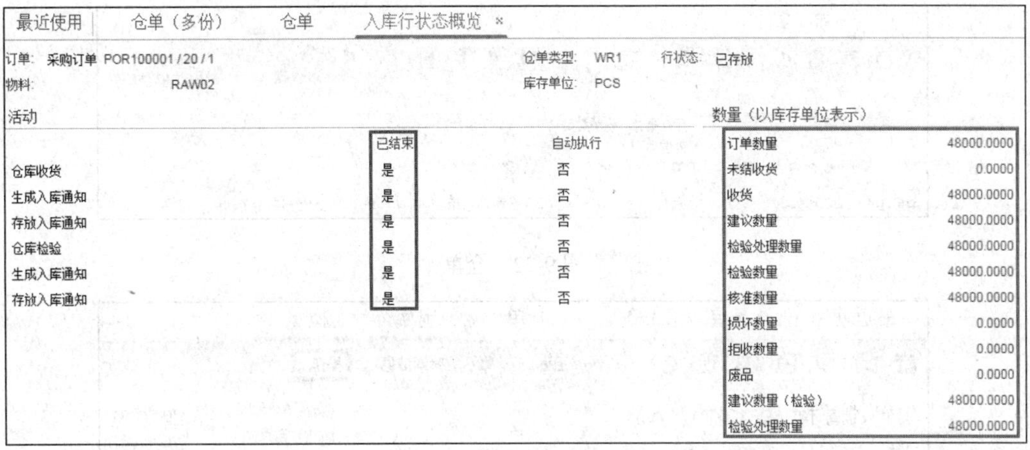

图 9-20　入库状态行

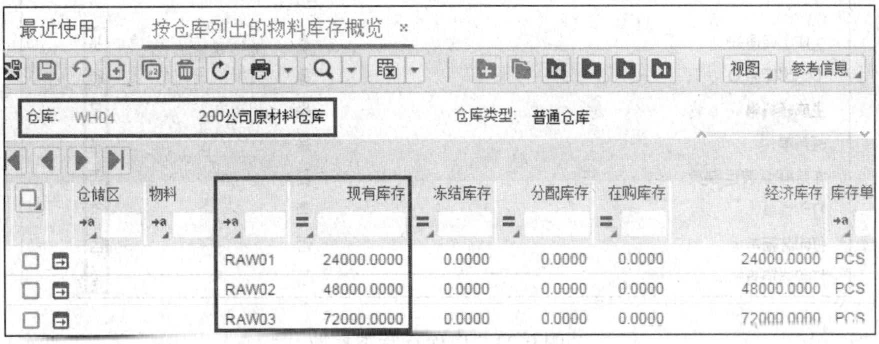

图 9-21　按仓库列出的物料库存概览

9.3.3　仓库发料及装运

本节主要结合"第 5 章　销售管理"中的销售发货业务介绍 Infor LN ERP 系统仓库发料及转运功能。其处理流程与仓库收货及检验的处理流程类似，不过业务方向相反。

当销售订单执行"销售订单下达到仓储管理子系统"活动后（请参考"第 5 章　销售管理"）或生产订单执行"下达生产订单"活动后（请参考"第 8 章　生产管理"），就会在"仓单（whinh2100m000）"进程中创建订单来源为"销售订单"或"生产订单"的仓单。

如图 9-22 所示，为"第 5 章　销售管理"中创建的销售订单 SOR100001。其库存事务处理类型为"发料"，供货方为产成品仓库 WH03，进货方为客户 CUS000001。

参考本章中仓库收货的仓单处理步骤，进入"出库行状态概览（whinh2129m000）"进程，根据系统提示完成仓单处理，如图 9-23 所示。

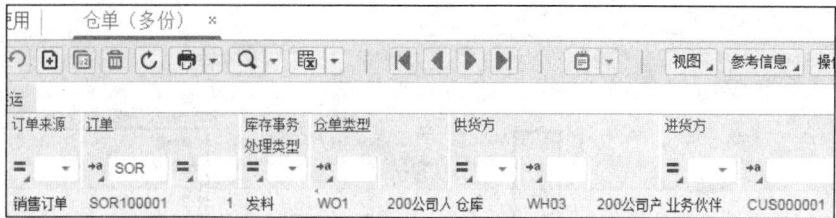

图 9-22　仓单

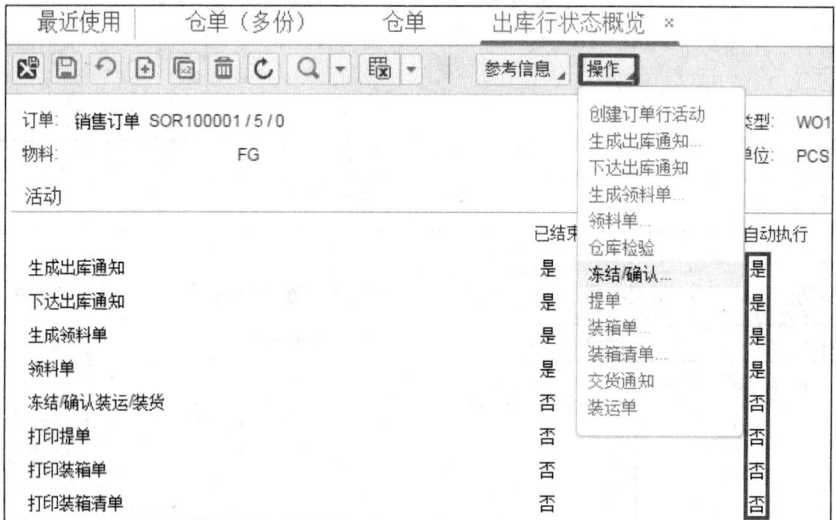

图 9-23　出库行状态概览

单击"冻结/确认"按钮后，系统将链接至"装运行（whinh4131m000）"进程中执行装运活动。进入装运行进程后，选择对应的装运行，并单击菜单栏中的"确认"按钮确认装运即可，如图 9-24 所示。

图 9-24　装运

装运完成后，"按仓库列出的物料库存概览（whwmd2515m000）"进程中，物料的已分配数量变为 0。

9.3.4 库存转移

库存转移是指将物料从一个仓库转移至另一个仓库。

如图 9-25 所示，在"仓单（whinh2100m000）"进程中创建仓单，且仓单的订单来源选择"转移订单（人工）"，即表示创建库存转移订单。

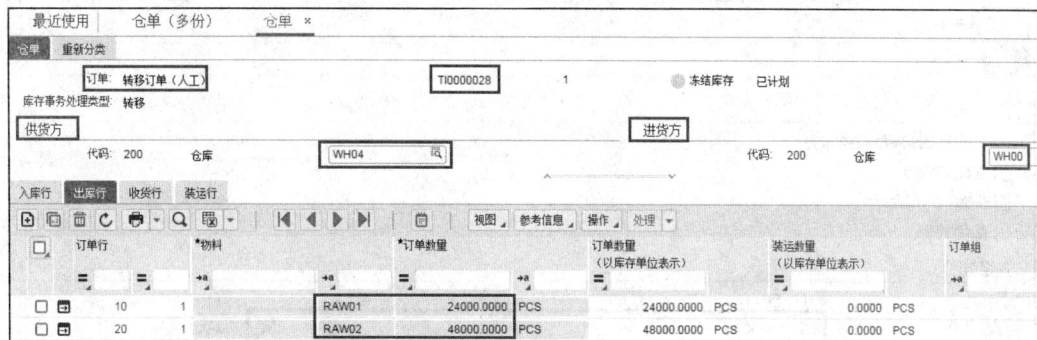

图 9-25 库存转移订单

库存转移订单创建完成后，会分别生成出库行和入库行，其操作方法与仓库收货和仓库发料完全一致。

9.3.5 库存盘点

库存盘点是指对物料的实际库存数据进行盘点并与系统中的库存数据进行对比，发现并处理差异的仓储业务。

1. 新建周期盘点数据

如图 9-26 所示，在执行库存盘点业务时，首先进入"周期盘点数据（whinh5140m000）"进程，新建周期盘点数据，定义需要盘点的仓库和物料。

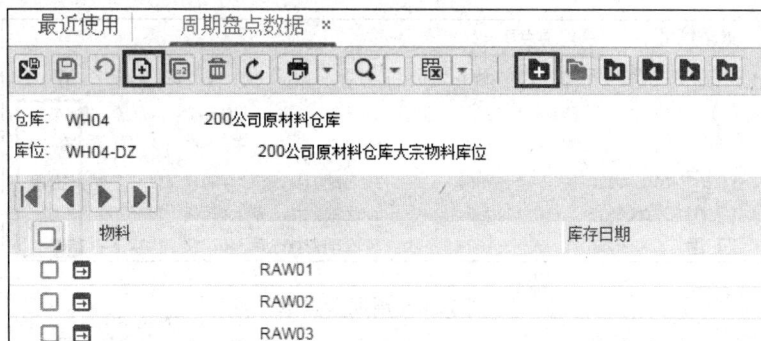

图 9-26 周期盘点数据

2. 生成周期盘点单

周期盘点数据新建完成后，进入"生成周期盘点单（whinh5200m000）"进程生成周期盘点单。如图 9-27 所示，生成周期盘点单时可根据需要选择需要盘点的仓库及物料。

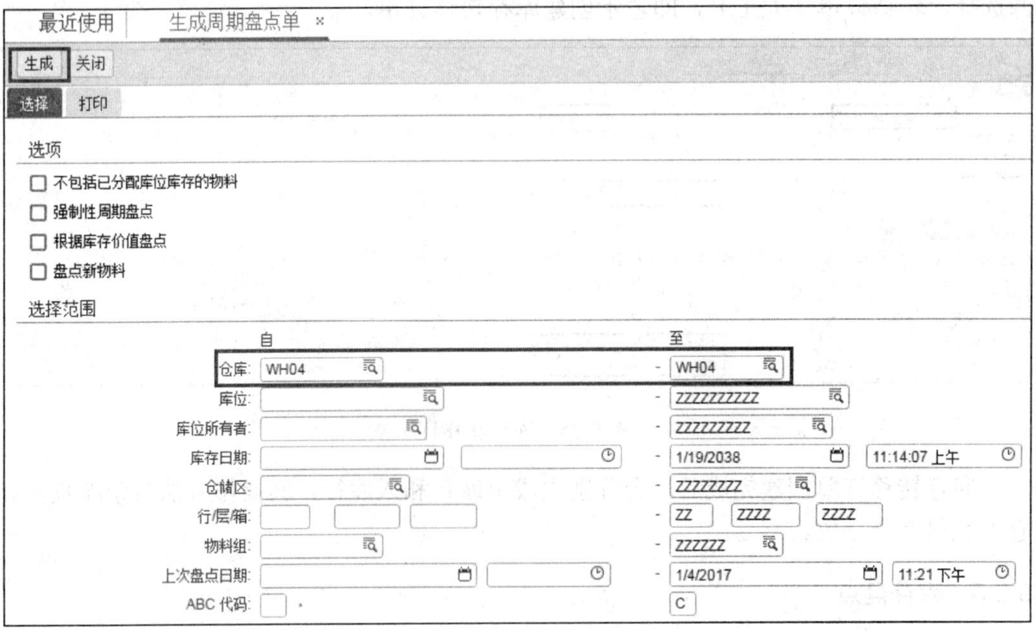

图 9-27　生成周期盘点单

3. 处理周期盘点单

成功生成周期盘点单后，可在"周期盘点单（whinh5100m000）"进程中可查看到新的周期盘点单，新生成的周期盘点单状态为"未结"，处理完成后状态变为"已处理"，如图 9-28 所示。

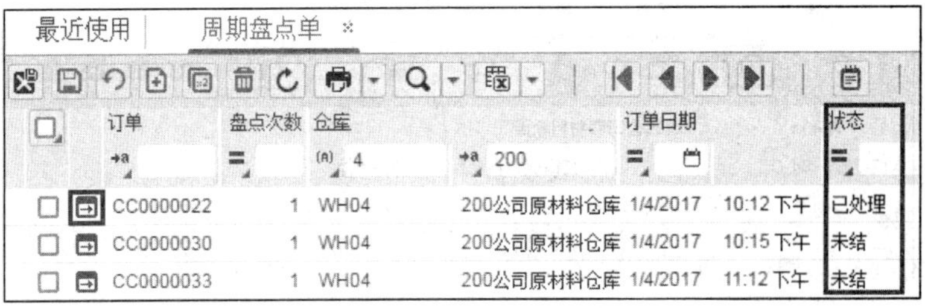

图 9-28　周期盘点单

打开周期盘点单行可录入实际盘点数量。

如图 9-29 所示，"存货点库存"表示在系统中当前存货点"WH04-DZ"的库存数量；"已盘库存"是实际库存数量；"差异"表示实际数量与系统数量之前的差异，同时要注意必须为差异设置原因。如果实际数量与系统数量之前存在差异，则系统将在"核准"页面生成一个待核准的周期盘点单行，如图 9-30 所示。

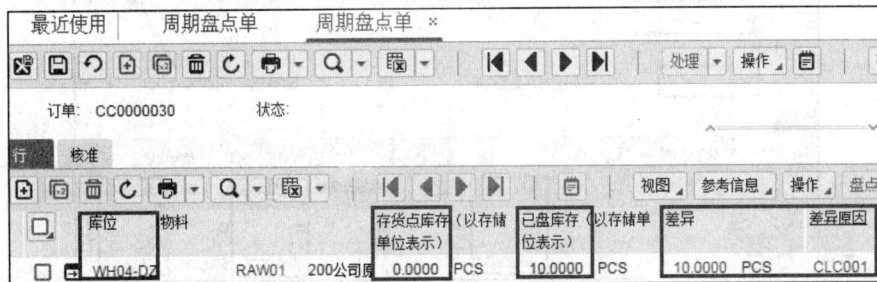

图 9-29　周期盘点单行详细资料

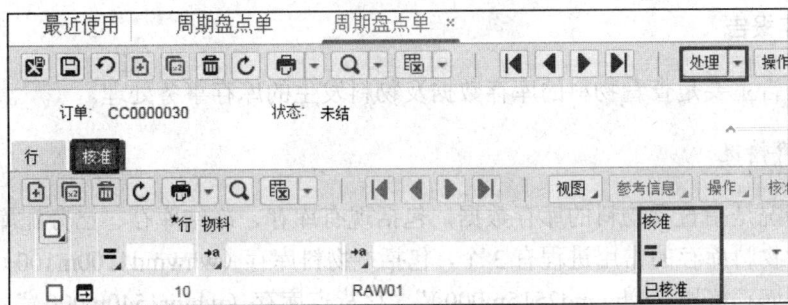

图 9-30　待核准的周期盘点单行

将核准状态设置为"已核准"并单击菜单栏中"处理"按钮，系统将自动处理该周期盘点单，即自动生成一个库存调整订单并自动处理该调整订单。

9.3.6　库存调整

库存调整是指在特殊情况下，需要直接增加或减少仓库中物料的库存数量。例如，物料盘点时，仓库中物料的实际库存数量与系统中的库存数量不一致，则需要进行库存调整。

库存调整是通过调整订单实现。例如，产成品 FG 现有库存为 0，现在需要将其现有库存数量调整为 600。

如图 9-31 所示，进入"调整订单（whinh5120m000）"进程可创建并设置调整订单。在创建调整订单时需要特别注意：

1）如果物料所属的仓库使用库位管理，则必须指定需要调整的仓库库位。

2）调整订单行中的"调整库存"表示调整后的现有库存。

3）必须为调整订单输入调整原因，调整原因可在"原因（tcmcs0105m000）"进程中设置。

调整订单创建完成后，单击菜单栏中"处理"按钮即可。

图 9-31　调整订单

9.3.7　库存报告

库存报告主要是查看物料的库存数据及物料发生的库存事务处理。

1. 库存情况

库存情况是指查看物料的库存数据，包括现有库存、冻结库存、已分配库存等。可供用户查看物料库存的常用进程有 3 个，包括"物料库存（whwmd4100m100）""按仓库列出的物料库存概览（whwmd2515m000）""存货点库存（whinr1540m000）"。

其中，物料库存是指该物料在所有仓库中的累计库存数量；而按仓库列出的物料库存是指物料在每个仓库中的库存数量。存货点是指物料的存放地点，当仓库不使用库位，则仓库就是存货点；当仓库使用库位，则每一个库位都是存货点。因此，存货点库存就是物料在每一个存货点的库存，如图 9-32 所示。

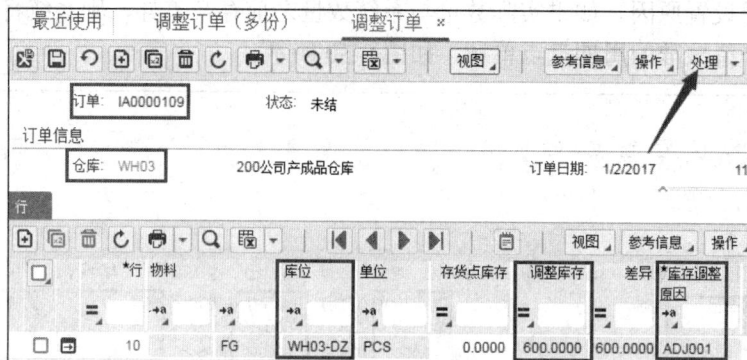

图 9-32　存货点库存

按仓库列出的物料库存概览如图 9-33 所示：

1）现有库存是指仓库中实际存在的物料库存数量。

2）冻结库存是指目前处于冻结状态的物料库存，如正在检验中的库存。

图 9-33　按仓库列出的物料库存概览

3）已分配库存是指已经存在计划出库事务处理的库存，如销售发货、生产发料、转移订单等。

4）在购库存是指已经存在计划入库事务处理的库存，如采购收货、生产入库、转移订单等。

5）经济库存=现有库存+在购库存-分配库存。

2. 库存事务处理

库存事务处理是指查看所发生的库存业务记录。可供用户查看库存事务处理的常用进程有 3 个，包括"按物料和仓库列出的库存事务处理（whinr1510m000）""按仓库、物料和库位列出的库存事务处理（whinr1500m000）""按订单列出的库存事务处理（whinr1511m000）"。

以"按物料和仓库列出的库存事务处理"为例，如图 9-34 所示，在该讲程中可查看物料 FG 在仓库 WH03 中所发生的库存业务记录，包括发生业务的日期、类型、数量及对应的订单等。

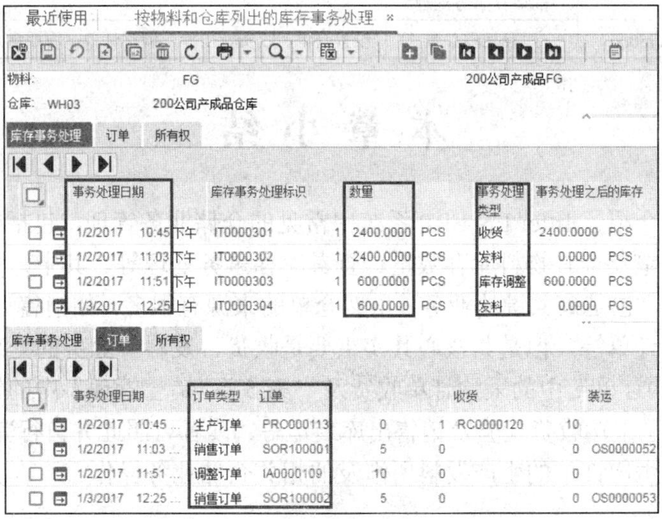

图 9-34　按物料和仓库列出的库存事务处理

9.4 仓储管理常用的进程

表 9-1 总结了仓储管理中常用的各种进程，可方便读者进行操作。

表 9-1 仓储管理常用的进程

序号	进程代码	进程名称	进程作用
1	whwmd4500m000	物料仓储数据	新建、查看、设置物料仓储相关的业务属性
2	whwmd2510m000	仓库物料数据	主要可设置仓库中物料的物料估价方法
3	whwmd2500m000	仓库	创建仓库
4	whwmd3500m000	仓库库位	为仓库创建库位
5	whinh0110m000	仓单类型	仓单的事务类型及所需执行的活动步骤
6	whinh2100m000	仓单	查看及新建仓单
7	whinh2300m000	仓库管理器仪表板	与仓单相关的所有事务处理的一站式平台
8	whinh2119m000	入库行状态概览	查看仓单入库行
9	whinh2129m000	出库行状态概览	查看仓单出库行
10	whinh3110m000	仓库收货	仓库收货
11	whinh3122m000	仓库检验	仓库检验
12	whinh4130m000	装运	仓库出库装运
13	whinh5110m000	周期盘点单	查看生成的周期盘点单
14	whinh5120m000	调整订单	创建库存调整订单
15	whwmd4100m100	物料库存	查看物料在所有仓库的库存累计数量
16	whwmd2515m000	按仓库列出的物料库存概览	查看物料在特定仓库的库存数量
17	whinr1510m000	按物料和仓库列出的库存事务处理	查看物料在特定仓库的所有事物处理记录
18	whinh0100m000	库存处理参数	设置仓单、收货、出库、调整订单、周期盘点等仓储业务的参数

本 章 小 结

本章的主要介绍了 Infor LN ERP 系统中常见的仓储业务管理，包括仓单的处理、库存盘点、库存调整及查看物料库存数量、查看库存事务处理等。其中，仓单的处理是仓储管理中最常见，也是最关键的业务，虽然仓单的来源有很多，如销售订单、生产订单、采购订单、转移订单等，但是其核心其实主要是收货、发料等业务的处理。因此，本章以"第 7 章 采购订单"中的采购订单收货及"第 5 章 销售管理"中的销售订单发料为案例，重点介绍了采购收货检验及销售出库装运等，读者可照此并自行完成"第 8 章 生产管理"中有关生产订单的生产发料所涉及的相关仓储业务操作。

附录　Infor LN ERP 系统的基本操作

附录中汇总了 Infor LN ERP 系统常用的系统基本功能操作，因此，在使用本书前，建议读者首先阅读本附件内容，以便了解 Infor LN ERP 系统的基本操作，同时也会更容易理解本书中业务功能操作的相关描述。

1. 运行程序

在 Infor LN ERP 系统中，可以通过 3 种方式运行程序，包括菜单浏览器、流程浏览器及直接运行进程。

（1）菜单/流程浏览器

菜单浏览器和流程浏览器的设置属于 ERP 系统管理员的职责，而且流程浏览器需要通过复杂的动态企业建模形成。因此，关于如何设置菜单浏览器和流程浏览器附录中不再进行讲解。

菜单浏览器和流程浏览器都是用户登录 Infor LN ERP 系统之后的操作界面，对用户而言，其展现效果一样（不同 Infor LN ERP 版本展现形式可能不同），都是层层向下展开，但是二者有本质区别。菜单浏览器向下展开的仅仅是层层的菜单，而流程浏览器向下展开的是根据动态企业建模创建的业务流程。

如附图 1 所示，用户可通过菜单/流程浏览器依次层层展开找到相应的程序。例如，依次单击计划编制→主数据→方案→方案按钮，进入"方案（cprpd4100m000）"进程中。

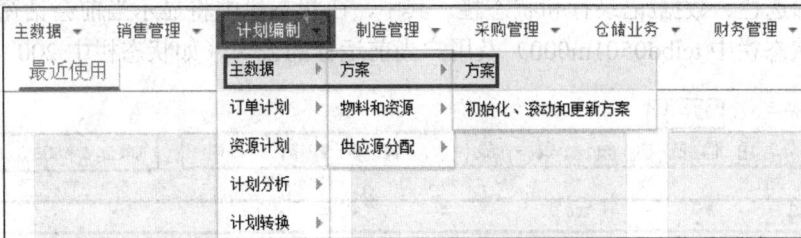

附图 1　菜单/流程浏览器

（2）直接运行进程

进程是可运行的最小程序单元，如附图 2 "方案（cprpd4100m000）"即为一个进程。

在 Infor LN ERP 系统中，每个进程都有一个进程代码，如附图 2 中"cprpd4100m000"。通过依次单击菜单浏览器中"选项"菜单→"运行程序"按钮，如附图 3（a），系统将弹出"运行程序"会话窗口，如附图 3（b），输入进程代码，单击确定按钮即可直接进入方案（cprpd4100m000）"进程。

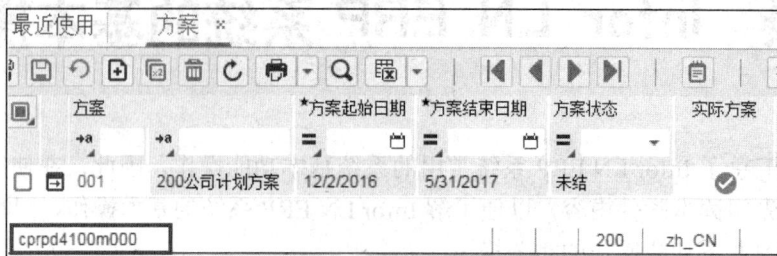

附图 2　进程（方案）

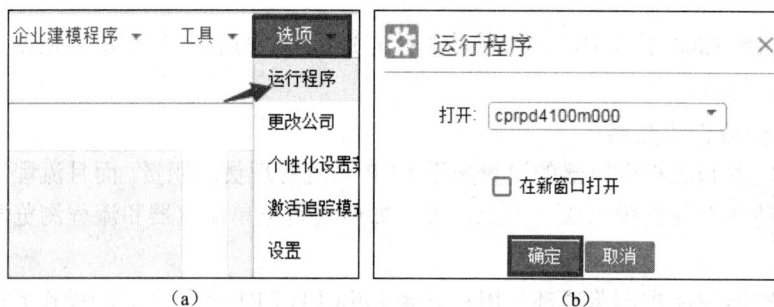

（a）　　　　　　　　　　（b）

附图 3　运行程序

2. 会话窗口

进程是从系统程序上的定义，而从用户操作界面上而言，本书行文中有时也将进程称为会话窗口。

如附图 4 所示，一个典型的会话窗口包括 6 大区域，即会话窗口/进程名称、工具栏、菜单栏、筛选栏、数据/记录行和状态栏。其中，在状态栏中将显示当前会话窗口的进程代码（如状态栏中 tcibd0501m000）及用户当前运行的公司（如状态栏中 200）。

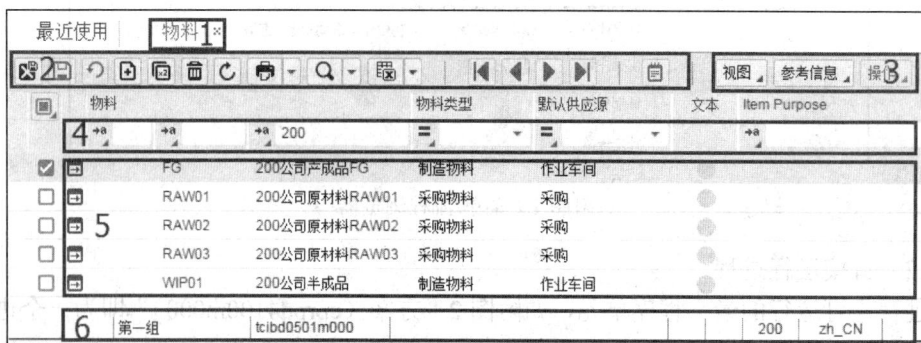

附图 4　会话窗口（物料）

（1）工具栏

如附图 5 所示，工具栏中依次为"保存且退出""保存""撤销""新建""复制""删除""刷新""打印""搜索""导入/导出数据""第一条数据""上一条数据""下一条数据""最后一条数据"。

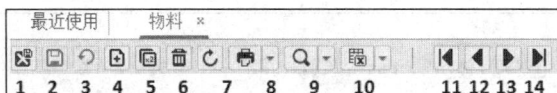

附图5　工具栏

因此，当本书中要求"新建"时即单击附图 5 中 4 号按钮。需要注意的是，在 Infor LN ERP 系统中，还有一种"新建"按钮也是本书案例及实际操作中经常使用的，读者要注意区分。详细介绍请参考"附录 3. 单据（单据头和单据行）"。

在 Infor LN ERP 系统中运行业务时，常常需要打印各种报表、单据等，如附图 5 所示，单击 8 号打印机按钮打印报表、单据即可。关于打印输出的设备可在"设备数据（ttaad3500m000）"进程中设置，如附图 6 所示，输入设备 D 再单击"继续"按钮，表示显示到屏幕上。用户还可以自行设置输出设备，如打印机、PDF 文件、Excel 文件等。

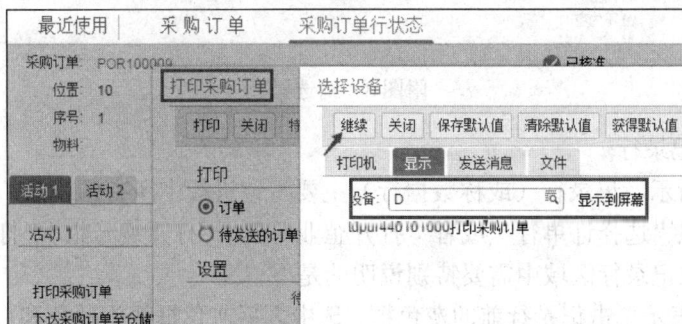

附图6　打印报表

（2）菜单栏

菜单栏也是会话窗口中最重要的区域之一，通过菜单栏中的"参考信息""操作"等可直接快速链接进入其他相关进程中。如附图 7 所示，选中物料 FG，并依次单击"参考信息→销售"按钮，可直接进入物料销售数据进程中。

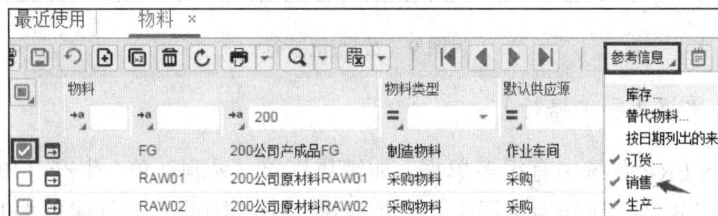

附图7　菜单栏

（3）筛选栏

筛选栏是指按照特定的筛选条件从"记录行"中筛选出符合条件的结果。如附图 8 所示，筛选条件有很多，如等于、不等于、包含、不包含等。例如，在物料名称对应的筛选框中输入 200，并将条件设置为包含，则系统将筛选出包含 200 的物料名称。

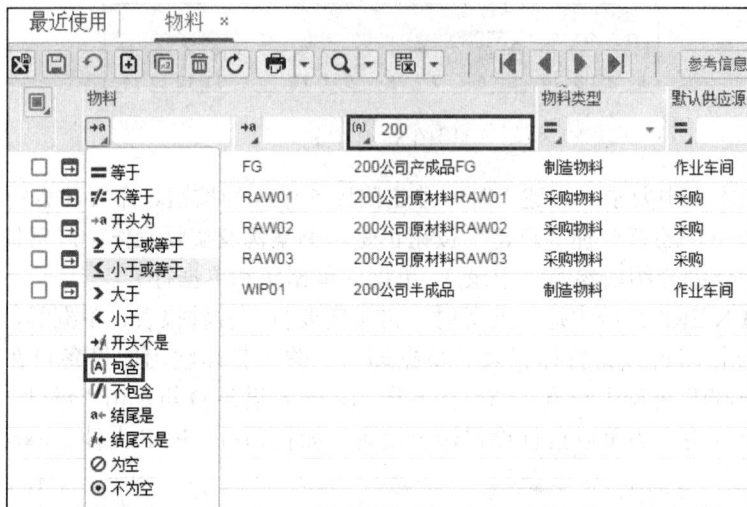

附图 8　筛选栏

（4）数据/记录行

如附图 9 所示，记录行（或称数据行）主要是该进程中所有的记录。由于在本教材中多次出现类似"选择订单行"或者"打开企业单元""打开编号组""打开订单行"等描述，因此，在记录行区域中需要特别说明的是

1）选择即表示单击记录行前的灰色框，选中之后灰色框变为蓝色和白色对号，如附图 8 所示。

2）打开即表示单击记录行前的"打开"按钮，如附图 9 所示。一般情况下，打开记录行将进入记录行详细信息中。

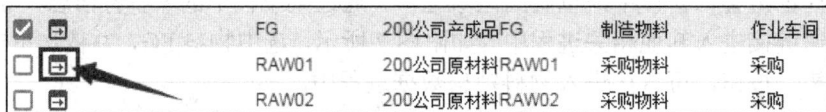

附图 9　数据/记录行

3.　单据（单据头和单据行）

在 Infor LN ERP 系统中有很多单据，如销售订单、采购订单、生产订单、物料清单、仓单等。绝大部分单据都分为单据头和单据行两部分，因此，在创建单据时也需要先创建单据头，再创建单据行。

以物料清单为例。进入"物料清单（tibom1110m000）"进程可新建物料清单。

如附图 10 所示，首先单击"新建"按钮，新建物料清单头，并设置相关信息，如 FG。

附图 10　新建单据头（物料清单）

单据头创建完成后，保存。然后单击"新建"按钮创建单据行，如附图 11 所示。

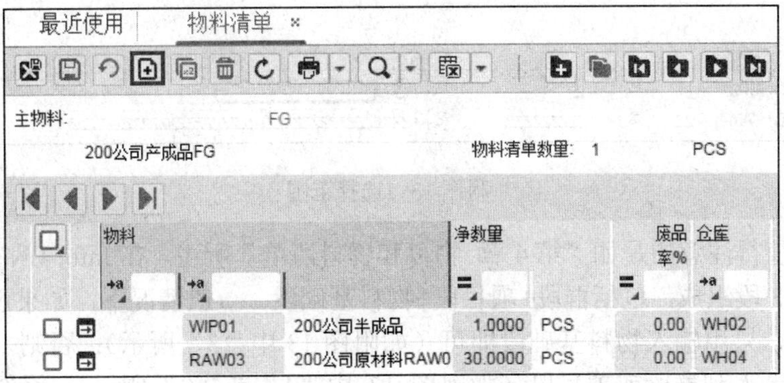

附图 11　新建单据行（物料清单）

当然，并不是所有的单据新建方式都和物料清单一样。如附图 12 所示，创建销售订单头和销售订单行。

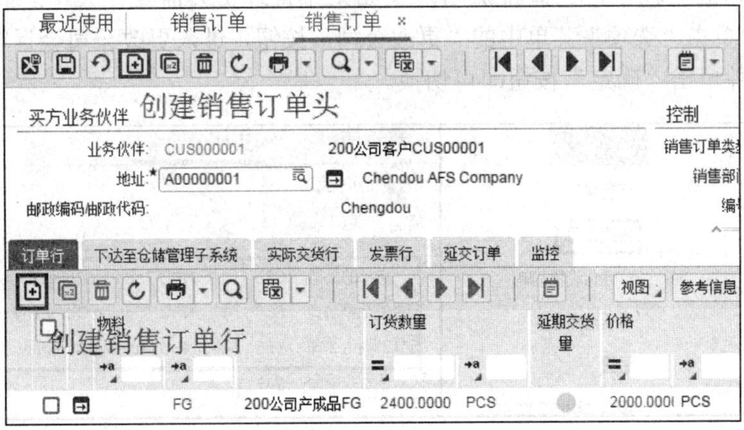

附图 12　创建销售订单（订单头&订单行）

4. 选择范围

在 Infor LN ERP 系统中，在很多进程中常常涉及范围选择，如附图 13 所示。一般情况下，系统默认范围为"空"至 ZZZZZZZZZZ（个数不限），这表示选择所有数据。当然，用户可根据需要自行修改选择范围。

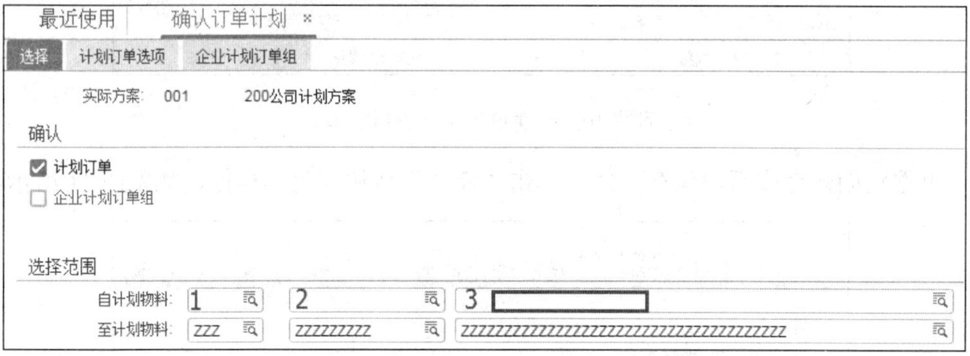

附图 13　选择范围

另外，值得注意的是如"第 4 章　物料和物料清单"所述，在 Infor LN ERP 系统中，物料代码由 3 段组成，包括群段+项目段+物料基础段。一般情况下，如果没有使用群和项目的功能，只用输入物料基础段即可（如附图 13 中"3"所示）；否则，如果将物料代码错误地录入到群段或项目段（如附图 13 中"1"或"2"所示），系统将提示没有该物料。

5. 切换公司

在多公司的架构中，一些特殊用户（如系统管理员）需要在公司之间切换。如附图 14 所示，单击"选项"菜单中的"更改公司"按钮，进入更改公司会话窗口，输入要切换的公司并单击"确定"按钮即可切换。

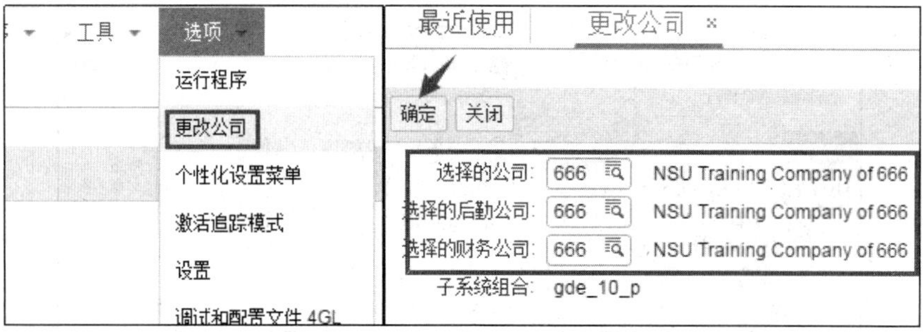

附图 14　切换公司

6. 启用/关闭功能

Infor LN ERP 系统是一个复杂的大型 ERP 系统，其所包含的功能也非常多，而在现实情况中，有些功能并不需要使用，因此，需要根据需要启用/关闭功能。不同的功能启用/关闭的方式都不一样，比较常见的、宏观的设置方式有两种。

（1）已实施的软件组件

如"第 2 章　公司的创建"所述，"已实施的软件组件（tccom0500m000）"的设置决定了用户将启用哪些功能。例如，不选择"质量管理""货运管理"等，则表示无法使用这些功能。在"已实施的软件组件（tccom0500m000）"中包括子系统、模块及具体的功能启用/关闭。

（2）参数设置

在各个管理子系统的参数设置中也可以设置启用/关闭功能。例如，在"销售参数（tdsls0500m000）"进程中可根据需要选择是否启用报价单、合同、进度计划等功能。

参 考 文 献

陈邦虎，李永强，曹旭斌，等. 2009. SAP BUSINESS ONE 应用实务. 成都：西南财经大学出版社.
陈启申. 2012. ERP——从内部集成起步. 3 版. 北京：电子工业出版社.
龚中华，何亮，金蝶软件（中国）有限公司. 2013. 金蝶 ERP-K/3 完全使用详解. 北京：人民邮电出版社.
罗鸿. 2016. ERP 原理·设计·实施. 4 版. 北京：电子工业出版社.